JN112490

参考文献・資料
「箱根駅伝　激闘の記録」ベースボールマガジン社
「箱根駅伝100年　欅の記憶」ベースボールマガジン社
「箱根駅伝2023完全ガイド」ベースボールマガジン社
「箱根駅伝2022-2023決算号」ベースボールマガジン社
「箱根駅でガイド2023+ニューイヤー駅伝」ぴあMOOK

日本陸上連盟ウェブサイト
日本陸上競技連盟公式サイト - Japan Association of Athletics Federations (jaaf.or.jp)

箱根駅伝ウェブサイト
箱根駅伝とは｜東京箱根間往復大学駅伝競走公式サイト (hakone-ekiden.jp)

PART

1

駅伝競走のはじまりと
主な駅伝大会

普段は「駅伝」と略して呼ばれますが、正式名称は「駅伝競走」。100年以上前に日本で誕生し、現在は大学や実業団の大会がテレビ放送されて高い視聴率を誇ります。ここでは、はじめて行われた駅伝大会や、日本で開催されている主な駅伝大会を紹介します。

駅伝の歴史

はじめての駅伝は関東VS関西の「東海道駅伝徒歩競争」

> **MEMO**　はじめての駅伝が行われたのは1917年のこと。
> 総距離は516kmで、昼夜とわず走り続けるという過酷な大会でした。

馬を乗り継いで荷物を
運んでいました。

「駅馬」＋「伝馬」
＝「駅伝」

古代律令時代に、整備された駅制。駅と呼ばれる中継所に馬を飼育していました。緊急連絡用の馬を「駅馬」、公用輸送の馬を「伝馬」と言いました。両者から1文字ずつとって「駅伝」と名付けたといわれています。

京都～東京23区間総距離516km

初めて駅伝が行われたのは、1917年のこと。「東京奠都五十年奉祝・東海道駅伝徒歩競争」というものでした。関東対関西で対戦し、京都三条大橋から上野不忍池まで、総距離は516km！それを23区間に分け、昼夜とわず3日間かけて走り続けるという過酷なものでした。

「駅伝」という名称は、奈良時代の「駅制」が由来といわれています。駅制とは、中央と地方を結ぶ幹線道路に中継所を置く制度で、物流や役人の連絡のためのものでした。

はじめての駅伝のスタート地点となった京都・三条大橋と、ゴール地点の上野公園には「駅伝の碑」が建てられています。

国際的には ロードリレー として実施

日本で誕生した駅伝ですが、国際大会では「ロードリレー」という名称で実施されています。距離はマラソンと同じ42.195km、6区間で行われます。男子の日本記録は、1時間58分58秒、女子は2時間18分41秒。ちなみに男女混合でも行われ、2時間16分13秒という日本記録が残っています。

11

駅伝のルール

タスキのサイズや渡し方など
駅伝のルールをおさらい

ME MO 距離や区間についての決まりはありませんが、タスキのサイズや中継方法についてはいくつかのルールがあります。

タスキは中継ラインの幅の中で、手渡しで行わなければなりません。

20m

中継線

進行方向

CHECK

**タスキは
手渡しする**

特にタスキリレーについては禁止事項がいくつか定められています。まず中継は中継線から次走者の進行方向20mの間で行います。またタスキはしっかり手渡ししなければなりません。受け取る走者は、中継線より手前の前走者のコースには出られません。

距離は0.1km単位で計測する

普段あまり気にしないかもしれませんが、駅伝にも正式なルールがあります。日本陸上競技連盟（日本陸連）が定めている駅伝競技の正式ルールをいくつか紹介しましょう。

距離やコースは大会によってまちまちです。走行区分さえ明示すれば、そこをコースにできるため、主に公道の使用許可を取って開催します。距離は0.1km単位で計測することになっています。ちなみに交差点では、選手は交差点の中心よりも右は走れません。

タスキの基準
タスキの長さは、1.6m〜1.8m、幅は6㎝を標準とすることになっています。

走っている間、タスキは肩からななめ掛けにすることもルールで決められています。

CHECK

タスキの掛け方

タスキを受け取ったら、肩から反対の脇の下に向けて斜めに掛けます。中継所から走り始めて、200mくらいまでには、この斜め掛けの状態にするようにします。また次走者に渡すために外すのは、中継所の手前およそ400mからとされています。バトンのように手で持って走り続けてはいけないということです。

大学駅伝3大会

大学駅伝の3大大会は 出雲駅伝、全日本駅伝、箱根駅伝

MEMO 箱根駅伝の陰に隠れがちですが、大学生の全国大会には出雲駅伝、全日本駅伝もあって、合わせて3大大会と位置付けられています。

スタート&ゴール
東京・大手町 読売新聞東京本社新社屋前

開催日：1月2、3日
コース：東京読売新聞社前〜箱根芦ノ湖
10区間217.1km

往路107.5km5区間	復路109.6km5区間
1区 21.3km	6区 20.8km
2区 23.1km	7区 21.3km
3区 21.4km	8区 21.4km
4区 20.9km	9区 23.1km
5区 20.8km	10区 23.0km

出場チーム数
10チーム（シード）
10チーム（選考会）
1チーム（連合チーム）

❶21.3km
❿23.0km
❷23.1km 鶴見中継所
❾23.1km
戸塚中継所
❸21.4km
❽21.4km
平塚中継所
❹20.9km
❼21.3km
❺20.8km
小田原中継所
❻20.8km
ゴール&スタート
箱根芦ノ湖入り口駐車場前

5校が3冠達成
1990年　大東文化大学
2000年　順天堂大学
2010年　早稲田大学
2016年　青山学院大学
2022年　駒沢大学

CHECK

箱根駅伝

言わずと知れた駅伝の王様。毎年プロスポーツの世界大会に匹敵する視聴率を叩き出します。沿道には二重三重の観客がひしめき合い、それが途切れません。

箱根は地方大会で出雲と全日本が全国大会

大学生の駅伝といえば、お正月の一大イベントである「箱根駅伝」が真っ先に思い浮かびます。でも、その他に「出雲駅伝」と「全日本駅伝」があって、3つ合わせて大学3大駅伝と呼ばれています。1シーズンに3大会すべてで優勝すれば「3冠」という称号が与えられます。

3大会の位置付けとしては、箱根駅伝は関東学連が主催する地方大会のひとつ。出雲と全日本が全国大会なのですが、どうしても箱根の陰に隠れてしまっているのが現状です。

出雲駅伝

周回コースで距離が短く、最初から突っ込んでも走り切れるため、スピードレースが展開されます。レース中監督は監督室で待機。選手に指示を出すことはできません。

開催日：10月（スポーツの日）
コース：出雲大社～出雲ドーム前
6区間45.1km

1区 8.0km
2区 5.8km
3区 8.5km
4区 6.2km
5区 6.4km
6区 10.2km

出場チーム数
20チーム（北海道1、東北1、関東10、北信越1、東海1、関西3、中国四国2、九州1）
国外1チーム（米国アイビーリーグ選抜）

全日本大学駅伝

第1回は1968年と歴史がある大会です。名前の通り、大学日本一を決める大会です。監督は数台の自動車に乗って移動。指示ポイントがあって、そこでのみ指示を出すことができます。

開催日：11月第1日曜日
コース：熱田神宮（愛知県名古屋市）
　　　　～伊勢神宮（三重県伊勢市）
8区間106.8km

1区 9.5km		5区 12.4km
2区 11.1km		6区 12.8km
3区 11.9km		7区 17.6km
4区 11.8km		8区 19.7km

出場チーム数
25チーム（シード、選考会）
2チーム（選抜チーム）

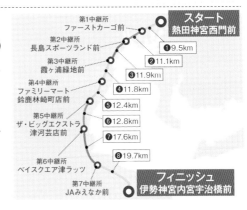

その他の駅伝大会

実業団日本一を決める大会 群馬が舞台のニューイヤー駅伝

ME MO 2023年には、東京五輪マラソン6位の大迫傑が出場するなど、日本のトップランナーがしのぎを削ります。

群馬県庁
～群馬県庁
7区間100km
1区　12.3km
2区　8.3km
3区　13.6km
4区　22.4km
5区　15.8km
6区　11.9km
7区　15.7km

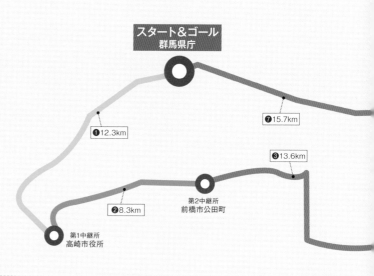

スタート＆ゴール
群馬県庁

❼15.7km

❶12.3km

❸13.6km

第2中継所
前橋市公田町

❷8.3km

第1中継所
高崎市役所

CHECK

100kmちょうどの周回コース

コースは100kmちょうど。群馬県庁からスタートし、群馬県庁へゴールする周回コースです。2023年に若干のコース変更がありました。

CHECK

最短8.3km 最長22.4km

最短8.3kmの2区は外国人枠。20kmを超えるのは1区間だけで、その他は10km台。スタートから飛ばしても走り切れる距離設定なので、スピード勝負が見られるのが醍醐味。日本人ライバル同士のガチンコ勝負が展開されます。

箱根出身選手の「その後」を追える

　「箱根は見るけど、ニューイヤー駅伝はあんまり…」というファンも多いようですが、実はこちらも見ごたえがあって、毎回とてもおもしろいレースが展開されます。食わず嫌いはもったいない。

　ニューイヤー駅伝には、箱根駅伝を走っ

た選手もたくさん出場します。箱根を楽しんだなら、「あの選手のその後」を追うという楽しみができるのです。2022、2023年に出場した大迫傑は、早稲田大時代には箱根で区間賞を2度獲得。世界に飛躍しました。

CHECK 選手を悩ます 上州の空っ風

冬に赤城の山から吹き下ろす強い北風は「上州の空っ風」として有名です。周回コースなので、向かい風になったり、追い風になったりして、毎回レースを盛り上げます。

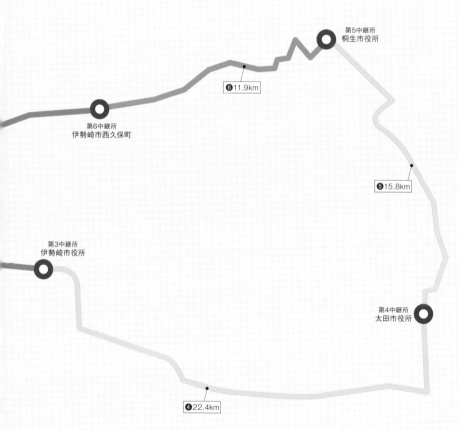

第5中継所
桐生市役所

❻11.9km

第6中継所
伊勢崎市西久保町

❺15.8km

第3中継所
伊勢崎市役所

第4中継所
太田市役所

❹22.4km

05 箱根駅伝の誕生

EKIDEN

箱根駅伝は1920年に誕生
100年を超える歴史を振り返る

MEMO 100年を超える歴史を持つ箱根駅伝。創設を働きかけたのは、NHK大河ドラマにもなったマラソンの父・金栗四三でした。

スタート&ゴール
東京・大手町 読売新聞東京本社新社屋前

❶21.3km
❿23.0km
❷23.1km　鶴見中継所
戸塚中継所　❾23.1km
❸21.4km
❹20.9km　平塚中継所
❽21.4km
❺20.8km
❼21.3km
小田原中継所
❻20.8km
ゴール&スタート
箱根芦ノ湖入り口駐車場前

CHECK 当時拡張されていた
東海道が舞台に

当初は、東京から水戸、日光湯元から宇都宮を経由して東京へ戻る片道案もあったそうです。しかし、当時東京から西へ工業地帯が伸びてきていて、それに合わせて東海道の道幅が拡張されていたことから、箱根の往復コースが選ばれました。

第1回大会には4校が出場

第１回大会は1920年に行われました。出場したのは、早稲田大、慶応大、明治大、東京高等師範学校（現・筑波大）。この４校のことを敬意を込めて「オリジナル４」と呼ぶこともあります。

開催を呼びかけたのは、マラソンの父として知られる金栗四三でした。NHKの大河ドラマになって一躍有名になりました。「世界に通用するランナーを育成したい」という思いだったと伝わっています。その後、戦時下の中断を挟み、100年の歴史を重ねてきました。

マラソンの父、金栗四三氏。

真っ暗な中のゴールだった

第１回大会のスタート時刻は13時でした。そのため、4位の慶応大学が往路の5区をゴールしたのは、20時53分過ぎ。箱根町の青年団が松明を振ったり、猟銃の空砲で通過の合図を送ったりしながらなんとかゴールしたそうです。

初代王者は東京高等師範学校

第１回大会は、10区で首位を走っていた明治大学をゴール目前で東京高等師範学校が抜き、初代王者に輝きました。高等師範学校は、現在の筑波大学ですが、第10回大会以降は出場していません。

06 駅伝出身の五輪選手

EKIDEN

箱根駅伝からマラソン以外にも
85人の選手が五輪に出場している

ME
MO
箱根駅伝を走り、その後五輪のマラソンや
トラック競技に出場した選手はたくさんいます。

2023年ブダペスト世界陸上競技選手権大会の男子3,000m障害物で決勝進出した。

青木涼真／法政大学
東京3000m障害に出場
箱根駅伝の記録
・2017年　　8区9位
・2018年　　5区1位
・2019年　　5区3位
・2020年　　5区4位

リオ五輪7人、東京五輪10人出場

2021年に行われた東京五輪までに、箱根駅伝から五輪へと羽ばたいていったのは85人。マラソンだけでなく、トラック競技にもたくさん出場しています。

特に直近の2大会を振り返ると、リオ五輪には7人。東京五輪には10人もが出場していて、「箱根」の存在感が増しています。

なかでも大迫傑は、マラソンで2大会連続出場しています。「世界に通用するランナーを育てたい」という金栗四三の願いは叶えられたといえるでしょう。

2020年日本陸上競技選手権大会の男子5,000mに出場し自己新記録で優勝した。

坂東悠汰／法政大学
東京5000mに出場
箱根駅伝の記録
・2016年　4区15位
・2017年　1区9位
・2018年　2区15位
・2019年　2区12位

学生の駅伝大会

小学生の駅伝大会

● ベルマーレカップ小学生駅伝
　（平塚市）

● 京キッズRUN
　（京都市）

中学生の駅伝大会

● 全国中学校駅伝大会

● 中学駅伝都道府県大会
　（各都道府県）

高校生の駅伝大会

● 全国高等学校駅伝競走大会

● 都道府県駅伝競走大会
　（各都道府県）

● 地区大会
　（東北・関東・北信越・東海・
　近畿・中国・四国・九州）

PART 2

「駅伝」の魅力と競技特性

駅伝は、1人1人が走る距離はマラソンと長距離の間くらい。それでいて、タスキをつなぐチーム競技でもあり、それが思わぬドラマを生みます。箱根駅伝が人気なのは、こうした競技性があるのかもしれません。ここでは監修の法政大学坪田監督独自の視点から駅伝の特徴などを解説します。

07 メンバー選考

EKIDEN

メンバー選考には 監督の考えや戦略が表れる

MEMO メンバー選考には、監督の戦略が反映されます。監督がどんな考え方で どんなメンバーを選んだのかを想像するのも楽しみです。

CHECK

選手に伝える タイミング

たとえば箱根駅伝なら、まずエントリーがあって、次に各区メンバーの発表があります。坪田監督は本番の1週間くらい前にはメンバーを決めて、それを選手にも伝えます。このメリットは、選手が心身ともに準備、集中がしやすいところ。選手が監督から信頼されていると感じられ、普段以上の力を発揮できるかもしれません。

コース条件などが一律ではない

監督にとって責任の重い仕事が、メンバー選考です。駅伝はトラック競技と違って、様々な条件が複雑に絡み合います。10000mのベストタイムを比較して、上位から選んでいけばいいというわけではないのです。

そのため監督の考え方や戦略が、選考方法やその基準に表れます。コンディションを重視するか、1年間の継続的な努力を評価するか、ライバルの動向を見て入れ替えるか。監督の意図を想像するのも楽しみ方のひとつです。

坪田監督が重視するポイント

① 年間を通してコンスタントに成果を残した

調子が良いときにはすばらしいタイムを出すけど、波があるという選手はギャンブル性が高い。年間を通して成果を残せる選手は、「計算できる選手」として信頼が上がる。

② 大舞台にも動じないメンタルの強さ

箱根を本番と位置付けると、他のレースとは比べものにならないくらいの注目度の中で走る。坪田監督は選手にちょっと無理そうなことをあえて振って、かまをかけて適正を判断することも。

③ トラックのベストタイムよりもコースの適正

駅伝はトラックレースとは別物。トラックのベストタイムは参考程度と考えて、メンバー選考する。

戦略として直前に入れ替えることも

箱根なら当日6時50分までメンバーの入れ替えが可能です。これは当日に選手が体調不良などで走れないときのためですが、走れないほどではないけど直前までの調整がよりうまくいった選手と入れ替えることもできます。また、坪田監督は積極的にやりませんが、ライバルチームのメンバーを見て、戦術的に入れ替える監督もいます。

08 メンバー決定の流れ

監督はどのようなことを考えて
メンバーを決めているか

MEMO メンバー選考で監督はどんな意図を持って決めているのでしょうか。
考え方の一例を追って見ましょう。

合宿中は1日3回に分けて
練習を行います。

CHECK

絶対に外せない
区から埋める

坪田監督は、まず花の2区とその復路9区、登り5区と下り6区というように、絶対にミスができない区間を誰に任せるかを決めます。2区がエースなら9区は2番手。5区と6区は年間通して適性を見極め、選手とコミュニケーションを取りながら決めています。1区もスタートで出遅れないためにも優先する区間です。

コース適性やメンタルの強さが大事

だれをどこで走らせるかには、監督の考えが表れます。箱根を参考に、監督がどんなことを考えながらメンバーを決めていくのか見てみましょう。

当然コースの適正（登りと下り）と距離はもっとも重視します。箱根のような大きな大会だと、プレッシャーに対する強さも大事な要素です。1区は出遅れる訳にはいきません。好不調の波があったり、プレッシャーに弱いところがあるなら、もう少し楽な気持ちで走れるところへ回したりします。

主要区の前後を埋める

主要区間が埋まったら、レース展開をイメージしながらその前後を決めていきます。主要区間が安定すれば、間の区間は我慢できるかもしれないとか、往路よりも復路で勝負するために3区よりも7区を優先するというように、判断基準は無数にあります。

厳しい合宿を乗り越えた選手は、目に見えて成長すると坪田監督は言います。

決め手がないときは…

選手選考に「絶対」はありません。2人、もしくは3人の選手が甲乙つけがたいということも当然あります。このとき監督としてはどうしても「将来」を考えます。卒業していく4年生よりも、来年以降も走る3年生以下を選びたくなるものです。特に1年生は「経験」を重視して、4年生よりも優先することがあります。

駅伝の特徴

1人でスタートすることがある駅伝は 自分でレースを組み立てる力が必要

ME MO 駅伝は、2区以降は1人でスタートすることがあります。そんなとき自分でペースを作っていく力が必要です。

CHECK

集団よりも
単独を好む選手も

一般的に選手は一斉スタートに慣れていますが、選手によっては単独で走るのを好む選手もいます。特に箱根駅伝の1区は、スタートの注目度が桁違いです。そのプレッシャーをはねのけて、集団で力を発揮しなければならない大仕事になります。単独で気ままに走りたい選手は、能力が高くても2区以降が向いていると考えられます。

自分1人でレースを組み立てる

マラソンでもトラック競技でも必ず一斉にスタートしますが、駅伝だけは、必ず一斉スタートになるのは、1区と繰り上げスタートだけ。2区以降はバラバラになることがほとんどです。

選手は一般的に集団で走るのに慣れています。集団の中では選手同士の駆け引きなどがあって、お互いにペースを作って行けるという安心感があります。でもひとりでスタートすると、それができません。駅伝では単独でペースを組み立てる力が必要になるのです。

駅伝は一斉にスタートするのは1区だけです。2区以降は1人でレースを組み立てるという要素が加わります。

自分でレースを組み立てる能力

周りに合わせてレースを作りたいタイプは、2区以降単独スタートになったとき戸惑うこともあります。焦って前を追って突っ込んでも、スローすぎても好タイムは出せません。駅伝は、自分1人でレースを組み立てる能力が必要になるのです。

10 選手の成長戦略

自分の成長戦略を考えて 練習する選手が一流になれる

MEMO 漠然と練習していたら、大学4年間はあという間。大会に合わせた コンディション作りと、成長戦略を両立させています。

主要大会と記録会

	大会名
1月	全国都道府県男子駅伝
2月	ハーフマラソン
3月	日本学生大学駅伝
4月	トラックレースなど
5月	↓
6月	↓
7月	↓
8月	（合宿期間）
9月	
10月	出雲駅伝
11月	全日本大学駅伝
	箱根選考会
12月	

CHECK

箱根を走る エース級なら

例：チーム内のエースなら大きな大会に照準を合わせる
・照準を定める大会　・箱根駅伝
・箱根予選会　・関東インカレなど
その他の大会は、記録を狙いつつコンディションの波を感じ ながら出場していく

出場する大会、目標タイムを設定

箱根を走るチャンスは4回。選手はそこへ向けて、自分なりの成長戦略を持って日々の練習に取り組んでいます。もっといえば、成長戦略を自分でイメージできる選手だけが一流になれるのです。

コンディションのピークを合わせる大会は、1年間で3〜4本。多すぎると疲労がたまってピークアウトしてしまいますし、少なすぎると成長につながりません。どこにピークを設定するかは、実力や目標によって決めます。コンディションの波をコントロールするのも必要な能力です。

日々練習を行いながら、長期スパンでの成長戦略を描ける選手が成長すると言います。

CHECK

入学したばかりの1年生

例:1年生なら、1年後2年後をイメージして段階を追って成長する
①まずはチーム内の練習についていくスタミナをつける
②合宿などで30kmを走る力をつける
③目標タイムを設定して記録会などに出場する

大会中の選手の行動

タスキをつなぐリレー競技なのに
大会中は主に単独行動になる

> **ME MO**
> タスキリレーでつなぐ強い絆。そんなイメージとは違って、
> 大会中は単独での行動が多くなります。

「チーム競技」であり
ながら、レースの前後
は仲間とバラバラにな
ります。

**全日本は
名古屋駅の
ホームで解散**

全日本大学駅伝は、名古屋をスタートでしてゴールは三重県の伊勢市。このため、法政大のように東京から現地へ向かうとすると、名古屋駅のホームで一旦解散。1区の選手は、監督と一緒にそのまま名古屋に宿泊しますが、2区以降の選手は、それぞれの中継所近くのホテルまでさらにローカル線で移動することになります。

単独行動に慣れないとストレスにも

箱根駅伝や全日本大学駅伝のように、スタートとゴールが遠く離れている大会では、選手は前日からほとんど単独行動かサブ選手との2人行動になります。もちろん監督とも前日から別行動。チーム競技なのに仲間とのコミュニケーションは取れません。

前日はホテル泊をして、食事は外食かコンビニ。普段は仲間と寮生活をしている選手がほとんどなので、慣れない1年生などは、こうしたイレギュラーなところがストレスになって、当日体調を崩す原因になることもあるそうです。

お腹の調子が…

レース前には不安や緊張がありますが、さらに中継所でひとりというプレッシャーでコンディションを崩すこともあります。

CHECK

当日の
コンディションを
自己申告

箱根の復路を走る選手とは、丸2日会わないことになります。当日朝のコンディションも本人の自己申告を信じるしかありません。坪田監督が「絶対にやめろよ」と言うのが、体調が悪いのに「夢の箱根を走りたいから」と隠すこと。お互いの信頼関係で成り立つという点では、やはりチーム競技なのです。

12

EKIDEN

コースの下見

コースの下見は工夫を凝らしながら
最適な方法で行っている

> **ME MO** 好走するには、コースの下見が欠かせません。選手は勾配の長さや
> 勾配などを頭に入れてレースを組み立てています。

**全日本駅伝は
各自タクシーで**

現地で単独行動になる全日本駅伝では、監督と一緒に走っ
て下見をするのは難しくなります。このため法政大では、各自
タクシーで下見をします。大会の補助費があるのですが、こう
した経費で赤字になるという現実があります。

下見は実際に走るのがベスト

選手は何kmにどんな起伏があるのかということを頭に入れて、レース本番を迎えます。さらにカーブや道幅も気になります。こうした情報はコースの下見で把握します。

出雲駅伝は距離が短く、比較的起伏は少ないのですが、それでも数日前に現地に入って、実際に走って下見をします。大会によっては自動車で走ることもありますが、実際の勾配はつかみきれません。やはり実際に試走して体験しておくのがベストです。それができない場合には、自転車で下見をすることもあるといいます。

コースを下見するときのポイント

① 勾配の斜度、距離

箱根なら2区の「権太坂」や8区の「遊行寺の坂」のように、コースの難所となるポイントは必ず押さえておく。

② 道幅やカーブ

道幅が広いと遠く前方まで見えるし、カーブがあれば前は見えない。細かいところだが、前後の選手が見えるか見えないかはメンタルに影響する。

③ ポイントになる km地点の目印

駅伝は単独でもペースを自分でつくらなければならない。km地点のポイントを何分で通過するかまで頭に入れておく。

箱根は 1年間かけて 念入りに

東京にある法政大の場合、出雲駅伝や全日本駅伝のコースへ通うことは難しいですが、箱根駅伝のコースなら1年かけて念入りに下見をすることができます。実際のコースを見ることで選手のモチベーションも上がります。

13 アクシデントの対処

EKIDEN

箱根駅伝の当日。体調不良に ハラハラのメンバー変更経験

ME MO 突然の体調不良は誰にでもあります。中継所で各自バラバラで 準備する駅伝では、選手の交代も簡単ではありません。

コンディションを整えるためのポイント

① 生もの×おにぎり○

どんなに好物でテンションが上がるとしても、レース前日は生 ものは我慢。質素で消化の良いものを選ぶ。

② 寝早起きを習慣化

箱根なら1区のスタートは8時。そのためには早朝3時や4時 から準備を始める。当日だけ早起きしても身体は動かない。 早寝早起きを習慣化しておく。

③ 早めにメンバーを決める

これは監督の考え方にもよるが、坪田監督は戦術的な選手 交代をするよりもメンバーを早めに決めて、選手にも伝える。 その方がしっかりと準備ができるためだ。

CHECK

早朝、体調不良の 連絡が…

箱根駅伝の本番当日は、選手は早朝3〜4時くらいから身体 を動かしはじめます。本格的なウォーミングアップという よりは、自分のコンディションを確認するための軽い運動です。 このタイミングで坪田監督に9区を走る裏エースから「ちょっ と体調が…」という連絡が入りました。大事な9区のため「と りあえず身体を動かして…」と望みをつなぎました。

箱根駅伝で実際に経験した交代劇

　箱根駅伝では、当日何らかのアクシデントが起きたときに代役で走るサブメンバーが待機しています。しかし、それ以外の大会では、選手1人だけで交代が効かないこともあります。チーム競技でありながら、球技のように簡単にメンバー交代ができません。

　特に慣れない1年生は、直前になって体調不良などで走れなくなることもあります。また箱根は注目度が高く、選手は強いプレッシャーを感じます。坪田監督が箱根駅伝で経験したヒリヒリするような交代決断のエピソードを紹介します。

タクシーでコースを下見

やはり風邪っぽいという連絡を受けますが、代わりを考えてなかった選手のため、走れる選手は同行していません。慌てて7区のサブに入っていた選手をタクシーで向かわせます。坪田監督は「運転手さんにお願いして、コースを往復してもらって下見だけして」と伝えました。

箱根駅伝は、1年間かけて準備をして挑みます。選手にはたいへんなプレッシャーがかかります。

この辺はアップダウンが少ないな・・・

サブメンバーが区間5位の好走

ハラハラしながらもなんとか本番。すると代役が良い走りを見せました。他校が良い選手を投入してくる9区ですが、この選手は区間5位の好走をしました。法政大は総合でも6位という好成績で、翌年のシード権まで獲得しました。

14 大学スカウト事情

大学のスカウト事情と選手の判断基準

> **ME MO** 選手の将来性か実績か。毎年入れ替わる大学だけに特にスカウト時の監督の目が問われる仕事です。

ベストタイムや大会の順位は、わかりやすい選手の判断材料です。駅伝はもっと複雑な要素が関わってきます。

CHECK

選手のポテンシャルを見抜く

坪田監督は強豪私立だけではなく県立校からも積極的にスカウトします。東京五輪に出場した青木涼真（埼玉県立春日部高）や坂東悠汰（兵庫県立津名高）が典型的な例です。有力選手を期待通りに成長させるのも大事ですが、将来のポテンシャルを見抜くのも監督の手腕です。

高校総体には監督の熱視線が集まる

大学の監督は常に世代交代を考えながら高校3年生をスカウトします。有力選手は1年生から名前が知れ渡っていて、全国から一堂に会する高校総体には監督たちの熱い視線が集まります。

高校生の側も早いと1年生から進学先を意識し始め、3年生の夏までにはほぼ確定させています。高校生たちは直前の箱根駅伝を見ていますから、やはり勝っている大学は人気が高くなります。ライバルの動向も気にしながら、ベストの選択を探るのです。

集団で競ってタイムが伸びる選手と、単独でも自分のペースを守れる選手。どちらをどう評価するかは、監督によって変わってくるところです。

CHECK

選手を見る
独自の基準

坪田監督は「自分で考える力」を重視します。県立校出身者は私立名門校よりも練習環境が整っていないことが多く、本人の工夫や努力をしてきた可能性が高く、坪田監督の目に止まるのかもしれません。

15 年間スケジュール

法政大学陸上競技部 駅伝チームの年間スケジュール

> **MEMO** 大学生ランナーにとって、箱根駅伝が最大の目標です。
> その予選会も含めて年間スケジュールを組み立てます。

1月4日（箱根駅伝の翌日）
3年生以下は全員参加で練習をします。箱根を走った選手も走らなかった選手も全員参加。ここから新チームがスタートするという切り替えの意味があります。この練習が終わると、すぐに地方から来ている選手は地元へ帰郷。実家でようやく正月を迎えられます。

1月5日〜
1週間まったく走らないというわけにはいきません。各自自主トレーニングは行います。もちろんこういうときにしっかりと走れるかどうかが、1年後に成果として表れるのですが、今はスマホとスマートウォッチで管理。どこをどれくらい走ったかが瞬時に監督に届きます。選手はサボれません。

1月10日頃
通常練習開始
大学の授業はすでに始まっていますが、全体練習は少し遅れて開始します。

箱根駅伝を軸に計画を立てる

大学生ランナーにとって１年間で最大のイベントが箱根駅伝。法政大ではここを区切りとして年間スケジュールを組み立てています。

坪田監督は１年の起点を箱根駅伝の翌日１月４日にしています。４年生は、前日の箱根駅伝復路が終わった段階で引退。残った１～３年生だけが集まることで、自然に「新チームのスタート」を意識できるのです。箱根の結果に関わらず、ミーティングと通常通りの練習。そして、練習が終わると選手は帰省し、ちょっと遅いお正月を迎えます。

主な大会のスケジュール

1月	全国都道府県駅伝
2月	ハーフマラソン
3月	日本学生大学駅伝
4～6月	トラックレースなど
7月	北連ディスタンス
8～9月	長期合宿などトレーニング期間
10月	出雲駅伝
	箱根駅伝予選会
11月	全日本大学駅伝
	箱根駅伝選考レース
12月	箱根駅伝エントリー、最終調整
1月2日	箱根駅伝往路
1月3日	箱根駅伝復路

16 大学チームの練習メニュー

箱根を走る大学チームの
一般的な練習メニューとやり方

> **ME MO** こうした練習メニューを、どう組み合わせるかに監督やチームのカラーが出ます。

練習メニュー例
① フリージョグ
（○分、○kmなど）
② 400m×30本
③ 5km×3本
④ 1000m×10本
⑤ 30km

CHECK

ジョグでも1kmの
タイム設定をする

目安のタイム設定をするのが一般的です。一般的にジョグというとゆっくりとしたウォーミングアップ程度のスピードをイメージしますが、優勝を狙うようなチームは、ジョグでも4分／kmというハイペースで行っています。

「距離×本数」の組み合わせで考える

　ここでは箱根を走るレベルの大学が、普段の練習や合宿でどんな練習を行っているのかを紹介します。練習メニューは「距離×本数」で表していますが、その距離と本数を増減したり、組み合わせ方を変えたりすれば、いくらでも練習パターンが考えられます。

　そして各チームの監督が頭を悩ませるのが、これらの組み合わせです。毎年の練習実績と結果を記録しておいて、それを毎年微調整しながら練習を組み立てています。それが監督のカラーとして表れます。

過去の実績と比較しながら組む

毎年合宿などで何km走ったかの練習実績を記録していて、それと比較して今年はどうか。何をどれだけ増やすか、減らすか、と微調整しながら取り組んでいきます。もちろん、今年の記録と成果も来年へと反映させて、さらにブラッシュアップしていくことになります。

17 EKIDEN

長期合宿での強化①

年間数回の長期合宿を実施
長距離を走って集中強化を狙う

> **MEMO** 箱根は練習で30kmを走り切る力が必要と言われます。
> そのためにほとんどの大学が長期合宿を組んでいます。

妙高戸隠連山国立公園
野尻湖
Lake Nojiri
平成27年 (2015)

周回コースが設定できたり、
アップダウンを利用したりで
きるのも合宿を行う目的です。

CHECK

1日3回
練習を行う

授業のある普段は朝と午後の2度練習を行います。合宿ではこれを3回に増やすことができます。早朝5時半くらいから1回目。朝食と休憩を挟んで10時半くらいから2回目。そして昼寝などで身体を休めて、気温が下がり始める午後3時くらいから3回目を行います。

妙高高原や菅平高原で夏季合宿

大学生にとって、最終的な目標は箱根駅伝です。箱根はおよそ20kmで他の駅伝大会と比べて長く、しかも5区や6区のように極端な登りと下りがあるため「30km走れないと通用しない」と言われます。でも、普段の練習だけでは30km走る機会は

それほどたくさん確保できません。そこで30km走り切るスタミナ強化のための長期合宿を組みます。合宿は夏季に高原で行うのが一般的です。法政大でも毎年、新潟の妙高高原や長野の菅平高原でそれぞれ10日ほどの合宿を行っています。

30kmと散歩などを組み合わせる

3回練習といっても全部長距離を走るわけではありません。早朝に長い距離を走ったら、2回目は散歩。午後に長距離を走るスケジュールなら、その間は各自のペースで、というように強弱をつけて組み合わせていきます。

距離の調整をする

30km走るためのスタミナをつけるのが目的ですが、1年生などの中には、そこまでは走れない選手もいます。そういう選手には15km、20kmなど距離とペースを設定してあげます。

18 長期合宿での強化②

量と質のバランスを考えた練習で 30km走る力をつけていく

ME MO｜質が悪ければ走力は伸びないし、量にこだわり過ぎると ケガのリスクが高くなります。

量と質のバランスが 個とチームの底上 げにつながります。

CHECK

夏の合宿で 量をこなして 土台を高める

特に夏の合宿は、「量」に重点を置いて取り組んでいます。 朝、午前中、午後の3部練習で、普段よりも本数を増やします。 さらに10日間の合宿なら2〜3本の30km走を行います。スタ ミナとスピードを土台から高めていくのが理想的です。

量に偏るとケガのリスクが高まる

　練習は「量」と「質」のバランスを考えながら取り組んでいきます。「量」なら「400m×20本」というメニューの本数を15本にするか、30本にするかによって変わってきますし、「質」ならフリージョグの1kmごとのタイムを4分にするか5分にするかで変わってきます。

　ただし「量」に偏ればケガなどのリスクが高まりますし、「質」が悪ければ基礎的な走力が上がっていきません。量と質のバランスが、個の力とチーム力の底上げにつながるように試行錯誤しているのです。

1日3回の練習のバランスを考えたり、合宿期間中の強弱の付け方などを工夫しながら練習の質を高めていきます。

1年間かけて
質を高める

最初からフリージョグの質が高いチームもありますが、坪田監督は最初からムリはさせないと言います。ベースタイムが上がってくれば、自然にフリージョグのペースも上がります。年間を通して少しずつ高めていき、最終的に1月2、3日箱根駅伝の本番でベストが出せればいいという考えがあります。

ランナーの体を作る食事

食べなければ走れない
練習と同じくらい大切な食事

ME MO 練習と食事は車の両輪です。
どちらがかけても走れません。

長距離選手にとって練習と同じくらい食事に気を遣わなければなりません。

CHECK

内臓が
強いことも才能

練習で疲労がたまると、内臓も疲れてしまい、食事がのどを通らないということもあります。1日3食の間にゼリーなどの補食を取り入れるなどしてでもエネルギー切れは起こさないようにしています。

質と量が整った食事も練習の一環

長距離を走ることが日課の選手にとって、食べることも練習の一環といえます。疲労がたまると内臓も疲れるため、食べられないことが問題になることがあるのです。特に1年生は練習についていくことと、それに見合った食事量を摂取することが最初のハードルです。

法政大学では、毎日の食事をグループラインで管理栄養士と共有しています。食事を写真に撮り、炭水化物のグラム数とともに報告。練習量に見合った食事がとれているかチェックしてもらっています。

練習後、疲れ切っているときでもしっかりと食べられることは、選手として成長するための条件です。

法政大学では、食事を写真に撮って管理栄養士に報告。「足りているか」をチェックしてもらいます。

ケガや風邪にも強くなる

食べることに苦労しない選手は、ケガなどにも強い傾向があるといいます。栄養バランスがしっかりしていれば、風邪も引きにくく、結果的に継続して練習できるのです。

20 ランナーの体を作る筋トレ

週に2度の筋トレで体脂肪率を8%くらいまで落とす

EKIDEN

ME MO 練習と筋トレでランナーの身体を作っていく。

厚底シューズの登場で、ギアの性能を最大限引き出せるカラダづくりが欠かせなくなっています。

燃焼した筋肉を筋トレで補う

有酸素運動を続けると筋肉量が減るといわれています。このため長距離ランナーの体型はスリムなのですが、減り過ぎるのも問題です。少し意外に感じますが、長距離ランナーも減った筋肉を補うために筋トレを取り入れています。法政大学では週に2回程度行っています。

練習と筋トレをバランスよくやると、脂肪も筋肉に変わって、引き締まってきます。見た目には体重が落ちたように感じて、実際は変わっていなければ、身体作りは成功しているという目安になるといいます。

バネを残すような工夫

むやみに筋トレをやってしまうと、瞬発力やスピードが落ちてしまうことがあります。法政大学では、走る能力は落ちないようなメニューと回数をトレーナーに設定してもらって取り組んでいます。

バランスボールを使った強度の高い体幹トレーニングや筋トレ。こうした負荷の掛け方なら瞬発力に悪影響はありません。

睡眠は監督の目が届かない

練習やトレーニングは監督の目が届きますが、睡眠は選手に任せるしかない部分です。寮では22時頃には消灯となりますが、天敵はスマホ。暗くてもベッドで寝転がって見られるため誘惑に負けないようにしなければなりません。

21 フォームとシューズの変遷

厚底シューズの登場で
べた足からフォアフットへ

ME
MO
履けば自然に身体が前に出ていく感覚で走れる厚底シューズ。
いまや厚底シューズなしでは走れません。

厚底シューズは、自然に身体を
前に運んでくれるので、着地は
自然にフォアフットになります。

CHECK

シューズが
推進力を生みだす

かかとに厚い吸収材が入っていて、自然にフォアフットで着地
できます。これはかかとにバネが入っているような感覚で、上
体はどんどん前に運ばれます。一般的なシューズは、足で地
面を蹴って前に進んでいましたが、厚底シューズは、シューズ
そのものが推進力を生みだしてくれるのです。

自然にフォアフットのフォームに

10年ほど前に登場した厚底シューズは陸上界を席巻しています。タイムにも表れていますが、ランナーのフォームから大きく変えたと言われます。

かつて理想のフォームは、かかとで着地して足裏の外側から母指球へ体重移動。最後に親指を中心に蹴るというものでした。でもいまはフォアフットで着地したらそのまま蹴り出す選手がほとんど。接地時間は短く、軽やかに走っているイメージですが、厚底シューズを履けば、自然にこのフォームになるというほどなのです。

姿勢が安定

体幹の強さ

足裏全体で接地

CHECK

体幹で姿勢を安定させる

一般的なシューズは足裏全体で接地します。これは素足のときに近くて、安定感があります。でもフォアフットで着地する厚底シューズは、かかとが浮いたままのような感覚になり、慣れないと少し不安定に感じます。安定して走るには体幹の強さが必要になると言われています。

22 コースの起伏やカーブでの駆け引き

EKIDEN

トラックにはない起伏やカーブが駅伝ならではの駆け引きポイント

ME MO 勾配は、選手に肉体的なダメージを与えますが、メンタルに影響することもあります。

前の集団に付いていこうか？ムリしないで自分のペースを守ろうか？

CHECK

**直線が開けている
箱根2区**

前が見えるコースといえば、箱根の2区が真っ先に頭に浮かびます。前半の10kmはほぼ真っ平な直線で、順位は上でも後ろから速い選手が来るのがわかっていると、最初から追われている気になるもの。しかも、後半の権太坂と中継所手前約3kmからの登りがあって、コースの難易度を上げています。

前が見えるとモチベーションアップ

コースの起伏やカーブは、選手のスタミナやスピードに直接的な影響を与えるのはもちろんですが、駆け引きに使われることがあります。駅伝でドラマが起きやすいのは、こうしたことが要因の一つでもあります。

たとえば1kmほど先まで見通せる直線な

ら、数分の差がある前方の選手まで見えます。追う選手のモチベーションは高まり、実力以上の走りをすることがあります。逆に後ろから追われている選手は、姿が見えなくなるカーブを利用して仕掛けるといった駆け引きができます。

がんばって
ペースを上げたけど
前が見えない…

CHECK

前が見えないことが
メンタルに影響

2区の復路にあたる9区は、スタート直後に急な下りがあります。ここを利用して一気にスピードに乗って前を追いたいと考えます。2区とは逆に後半10kmは前がよく見えます。ところがここで選手が見えないと、選手の心が折れそうになるポイントにもなるのです。

23 駅伝と1万メートル競技の違い

10000mのベストタイムよりもメンタルが重要な競技

> **MEMO** 駅伝は1人でも力を出し切れるメンタルが重要になります。
> それは「集団を引っ張る力」に近いものがあります。

第3中継所
平田中ノ島

第4中継所
鷹巣コミュニティセンター前

❹6.2km

第5中継所
島根ワイナリー前

スタート
出雲大社正面鳥居前

❺6.4km

❸7.9km

❻10.2km

フィニッシュ
出雲ドーム前

第2中継所
斐川直江

❶8.0km

❷5.8km

第1中継所
出雲市役所前

CHECK

**出雲駅伝は
トラックに近い**

それでも比較的10000mの成績が反映されやすいのは、出雲駅伝だといわれています。距離が同じくらいで、箱根の山のような起伏はありません。経験が浅く、前半で突っ込んでしまっても何とか持ちこたえられるのが出雲駅伝なのです。

トラックのベストタイムは参考程度

トラックで行われる10000mは、駅伝なら10.0km。それなら駅伝も同じくらいのタイムが出るかというと、そんなに単純ではありません。およそ距離がおよそ2倍の箱根駅伝でベストタイムの2倍とはならないのです。トラックの持ちタイムは、あくまでも参考くらいと考えるものです。

もちろんトラックと一般の道路というのがもっとも大きな違いです。公道には起伏やカーブがあり、路面はトラックのように真っ平ではありません。これが駅伝を難しくする要因です。

コースの起伏やカーブは、トラック競技にはありません。トラックの持ちタイムで予測を立てても、駅伝ではまったく違った展開になることも。それが駅伝のおもしろさです。

CHECK

「レースを引っ張る」
目に見えない力

特に坪田監督は、あまり選手のベストタイムは気にしません。それよりもフォームは良くないけど、なぜかレースを引っ張る力がある、という選手が駅伝向きだと考えます。駅伝は苦しいときに1人で走る競技。これは集団で前に出て走るメンタルが駅伝に向いているからです。

実業団の駅伝大会

男子

● **全日本実業団対抗駅伝**
（ニューイヤー駅伝）

● **地区実業団対抗駅伝**
（関西・中国・中部北陸・東日本）

● **ニューイヤー駅伝の予選会**
各地区ごとに開催される

女子

● **クイーンズ駅伝**
（全日本実業団対抗
女子駅伝競走大会）

6区間42.195kmの国際ルールで行わ
れる女子駅伝日本一を決める大会

● **プリンセス駅伝**
クイーンズ駅伝の全国統一予選会。
全国から30チーム以上が出場する

PART

3

他とはココが違う！
箱根駅伝

お正月の一大イベントになっている箱根駅伝。毎年高い視聴率を記録して、たくさんのファンが沿道から声援を送ります。駅伝大会は他にもありますが、箱根は他とは比べ物にならないほどの規模で開催されています。ここでは改めて箱根の魅力を紹介していきます。

24 箱根駅伝とは

EKIDEN

運営費、テレビ視聴率、観客数など箱根駅伝はすべてが破格

> **MEMO** 箱根駅伝の視聴率は、プロスポーツの世界大会に匹敵するほど。沿道を二重三重に埋めた観客が声援を送ります。

時速20kmほどの選手のスピードを間近で体感できるのが、沿道からの観戦の醍醐味です。

CHECK

視聴率はFIFAW杯や五輪級

2023年、第99回大会の関東地区の世帯視聴率は、往路が27.5％、復路が29.6％。平均は28.6％というものでした。単純計算で3500万人ものファンがテレビ観戦したことになります。これは、五輪やFIFAワールドカップに匹敵する視聴率です。

二重三重の観客が声援を送る

　箱根駅伝は、大学3大大会なかですべてがズバ抜けた破格のスケールの大会です。

　出雲駅伝と全日本大学駅伝もテレビ中継されるようになりましたが、視聴率はもちろん箱根が断トツ。それはスポーツの国際大会に匹敵するほどです。テレビ観戦だけではなく、沿道の観客数もコース上で途切れることがないほど。それだけに運営にかかるお金も莫大です。

　新しい年を迎えた直後の気分が、片道6時間弱という長丁場の観戦に合っているのかもしれません。

テレビ観戦なら順位変動などを追って、スタートからゴールまですべて観戦できます。

沿道の観客数は100万人以上

中継所の周辺はもちろん、コースの途中の沿道にも二重三重の観客が詰めかけます。しかも、これが往路も復路も途切れることがないのです。主催者発表では、コロナ前はおよそ120万人。2022年は「テレビ観戦」が呼びかけられましたが、コロナ後の2023年はおよそ90万人弱まで戻っています。

25 区間の距離とコース

EKIDEN

ごまかしのきかない距離と
急激な登りと下りがドラマを生む

ME MO 箱根駅伝の特徴は、全区間が20km以上という
長い距離設定と最大7%以上の急な勾配です。

スタート＆ゴール
東京・大手町 読売新聞東京本社新社屋前

❶21.3km

鶴見中継所　　❿23.0km

❷23.1km

❾23.1km

戸塚中継所

❸21.4km

平塚中継所

❹20.9km

❽21.4km

❼21.3km

❺20.8km

小田原中継所

❻20.8km

ゴール＆スタート
箱根芦ノ湖入り口駐車場前

**10区が伸びて
23km超も3区間**

1999年の75回大会から10区のコースが変更されました。そ
れまでの21.3kmから23.0kmになり、2区とその復路にあた
る8区の23.1kmと合わせて、合計3区間が23km超になりまし
た。ハーフマラソンよりも長い距離のため、選手に与える精
神的なプレッシャーも増します。

長い距離設定と急な勾配がある

箱根駅伝の特徴として、すべての区間が20km以上という点が挙げられます。距離が短い出雲駅伝では20㎞どころか10㎞を超えるのが1区間だけ（6区10.2km）。ニューイヤー駅伝でも、20㎞を超えるのは1区間（4区22.4km）だけなので、駅伝として

はかなり難しいということがわかります。23㎞超も3区間あって、特に注目がされる区間になっています。それは「花の2区」と呼ばれる2区とその復路の9区（23.1km）。99年からは10区も23.0kmに伸びて、往路にはない日本橋を周るルートになっています。

CHECK

箱根駅伝は
30km走るつもりで

大学生ランナーなら、10マイル（16km）くらいなら多少ペースをムリしても走り切れます。ところが23㎞になると途端に難しくなります。選手がひとつのポイントとする15km。ここを過ぎてもまだ残りが8㎞。他の駅伝大会ならおよそ1区分の距離が残っているのです。「箱根は30km走るつもりでトレーニングしなければ走れない」と言われるのはこのためです。

26 選手のエントリー

予備選手を含めた選手のエントリーと年末の各区を走る選手の発表

> **MEMO** 12月に入り予備選手を含めたエントリーが始まると報道も増え、早くもファンは盛り上がり始めます。

今年は8区がカギになりそうかな…

16名の選手をエントリー

本番で走るのは10名ですが、予備の選手6名を加えた16名を12月10日までにエントリーして発表されます。監督によっては、すでに担当の区まで決めていて選手に伝えています。選ばれた選手は本番へ向けて最終調整をしていきます。

選手の発表は3段階で行われる

箱根駅伝のメンバー発表は、サブメンバーも含めたエントリーから、最終的に走る選手が確定するまで3段階にわけて行われます。

まず各校は16名の選手をエントリーします。熱心なファンは、このエントリーから注目していて、誰がどこを走るのか予想するという楽しみがあります。次に各区に選手がエントリーされて、発表されます。ここで誰が何区を走るかが決まります。そして、最終エントリーは当日6時50分。コンディション不良や戦略的な交代ができることになっています。

各区間を走る選手が発表

12月29日に16名の中から各区間を走る選手が発表されます。ただし、まだ当日のエントリー変更ができるため、「当て馬」といった戦術も可能です。「当て馬」とは、あえて力のある選手を登録から外しておいて、直前に最善の区間へ入れるというものです。

選手入れ替えのリミット

大会の当日は、選手はまだ真っ暗なうちから身体を動かしてコンディションを確かめます。そこで自分のコンディションを監督に報告します。監督は1区と6区の選手しか直に確認できません。選手入れ替えのリミットはレースの1時間10分前、6時50分です。

27 選手の条件

法政大・坪田監督が考える 箱根で活躍できる選手の条件

MEMO 箱根を走れるのは、毎年210人だけ。そこで活躍できる選手の条件を挙げるとすると…。

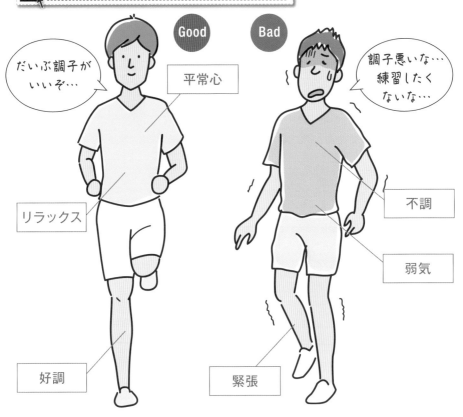

継続して やり切れる選手

気分が乗って、やるときはスゴイけど、ダメなときは徹底的にダメ。そんな選手は、箱根駅伝では好成績を残せない傾向があります。それは普段の練習から淡々と継続して続けるということともつながっています。

大学生ランナーの210人だけ

　毎年箱根駅伝に出場できるは、1チーム10人。学連選抜を含めても210人という狭き門です。競技人口が違うため単純には比較できませんが、野球やサッカーなど人気競技と比べても、とても競争が激しい大会といえます。

　その中で区間賞を狙うような活躍をするのは、1年間通して厳しい練習を継続できる身体の強さ（ケガをしない）と精神力のタフさ（メンタル）を持った選手です。注目の高い1区は、どんなときも動じないメンタルがさらに必要になります。

坪田監督は、選手のフォームや性格、年間を通してのコンディションの波など、さまざまな要素を見ています。

練習に耐えられるタフさ

ケガばかりしていたら練習を継続してできません。練習ができなければ、能力を伸ばすどころか、逆に落ちてしまいます。「無事これ名馬」ということわざもある通り、ケガをしないことは大事な能力なのです。

28 監督の声掛け①

監督の声掛けが聞けるのも箱根駅伝の人気のひとつ

> **MEMO** 選手に発破をかけたり、励ましたり。監督からの声掛けが生で聞けるのも箱根の魅力です。

はい！

明日も
この調子でいこう！

CHECK

マイナス面よりも
プラス面を強調！

当たり前のことですが、監督は選手のモチベーションが高まるような声を掛けるようにしています。「後ろから来ているぞ！」だと選手は焦ってしまいます。監督がどんな言葉で選手を鼓舞しているかに注目するのも楽しみのひとつです。

伴走車（運営管理車）から声掛け

日本全国で数多くの駅伝レースが行われていますが、伴走車（運営管理車）から直接指示が出せるのも箱根の特徴です。沿道で応援する観客の中には、あえて声掛けポイントを狙う人もいます。テレビ観戦でもその声が聞こえてくれば、ライブ感を高めてくれます。箱根駅伝の人気を高める一因になっています。

監督からのアドバイスには、選手との関係性や監督の個性が生々しく表れます。監督のカリスマ性も垣間見えて、ファンの注目度も高いようです。

お前がエースだ！
負けるな！

声掛けにもルールがある

かつては声掛けは自由に行っていました。しかし現在は、監督が乗っているのは「運営管理車」なので、声掛けにはいくつかのルールがあります。
・各区間の1、3、5、15、20km地点
　　（特定区間では、残り3kmと1km地点）
・時間は1分間
・交通事情によってはできないこともある
　　（例：スタート直後に下りカーブが続く6区など）

29 伴走車の歴史

自転車から始まりジープを 経てきた「伴走車」

ME MO 伴走車は、自転車から始まりサイドカー付きのバイクや ジープを経て、現在の運営管理車になりました。

サイドカーに乗り込んで選手と 並走しながら声を掛けていまし た。古き良き時代の風景です。

CHECK 「運営管理車」と 役割を変えて継続

かつては各チームが1台ずつ伴走車を出していました。しかし 交通事情が変わり、警察からの要請もあって、現在は運営か ら提供された車両を使用しています。現在は正確には「運営 管理車」といい、各チームから監督と主務のほか、大会運営 の役員も乗っています。

正式には「運営管理車」という

およそ100年前、大会の最初期は自家用車はまだ一般的ではなく、監督が指示を出すために乗る伴走車は自転車でした。その後サイドカー付きのバイクや木炭自動車へと変遷してきました。箱根の山道の途中でエンストすることもあったそうで、5区の登りの過酷さがわかります。

やがて交通事情が変化し、警察からの要請で第65回から78回までは、数台のバスに監督が便乗していたこともあります。現在は主催者が用意した車で、「運営管理車」というのが正式名称です。

「ペースメーカー」を担った時期も

1950年代にジープが伴走車として使用されていた頃、選手の前を走ることもできました。当時は「引っ張り」と呼ばれていて、現在のペースメーカーのような役割を果たしていたのです。

ライバルに負けられないという大学のメンツもあって、時代を追うごとに変化してきました。

本物のペースメーカーがいたことも

第35回大会（1961年）までは、5区と6区には伴走"者"が走ることができました。OBや補欠が交代で走ったそうで、まさにペースメーカーだったのです。

30 監督の声掛け②

法政大・坪田監督が経験した SNS時代ならではの声掛け

> よーし、
> 予想通りの
> 展開だな

> **ME MO** 現在は様々な情報が、大会中にリアルに発信されます。
> 監督がそれを利用して選手に声を掛けることも。

CHECK

坪田監督の
指示をスルー？

ある年、前後を強い選手に挟まれて中継する選手に、「ここ
は我慢」と伝えました。ムリしてついていくと後半厳しくなる
と判断したのです。ところが、選手はその指示をスルーして並
走していきます。監督としてはヒヤヒヤものでしたが、結果的
になんと区間賞の好走をみせました。

「区間争いをしている！」が激励に

　様々な情報をリアルタイムで共有できるSNSですが、箱根駅伝の大会中はたくさんの情報が飛び交います。まさにいま起きていることが、スマホから得られます。その情報を監督がレース中にリアルタイムで活用することもあります。

　たとえば途中で区間賞を狙える位置にいる選手に、坪田監督は「いま区間賞争いをしているぞ！」と声を掛けました。選手の負けず嫌いを知っていればこその激励。その選手は底力を発揮し、見事区間賞を手にしました。

選手の力を引き出した坪田監督の声

① 「エースならここで
　　負けちゃダメだぞ」

選手は「最後まで自分を信頼して
送り出してくれた」と感じたという

② 「最後の箱根、行くしかないぞ！」

中盤の苦しくなる時に掛けた言葉

③ 「お前はチームでも
　　ナンバーワンの練習をしてきたんだ！」

普段は褒めたことがない選手に対してだからこそ響いた

④ 「9人がつないできたタスキだ！」

責任感が強い選手には、強い言葉でモチベーションを上げる

⑤ 「青学抜けるぞ！」

優勝候補の前に出られるかもしれないとなれば、
選手も底力が出せる

31 往路の過ごし方

箱根駅伝・選抜メンバーたちの準備から本番までのスケジュール

> **MEMO** 選手は中継所近くのホテルなどに宿泊。緊張と不安の中、各自のペースで準備をして本番を迎えます。

	大会	名前	起床時刻	距離など	ホテル着
					前日
往路	第99回大会／1区	松永伶	3:00	早朝7km 午前中1km 13時昼寝	15:00
往路	第98回大会／3区	小泉樹	5:00	午前中8km	15:00
往路	第98、99回大会／5区	細迫海気	5:00	早朝6km	15:00
復路	第99回大会／6区	武田和馬	3:00	早朝1km 12:00昼寝	15;00
復路	第99回大会／7区	宮岡幸大	4:30	午前中1000m	16:00
復路	第98回大会／8区	稲毛崇斗	5:00	早朝km 午前中7km	15:00
復路	第99回大会／8区	宗像直輝	5:00	早朝1000m	15:00
復路	第99回大会／10区	高須賀大勢	5:00	早朝6km 午前中3kmup ～1km ～2.5kmdown	16:30

暗いうちからジョグで体調確認

レース当日、選手は午前3時～5時には起床するため、普段から早寝早起きを習慣づけています。起床するとすぐにジョグを始めて体調を確かめ、監督に報告します。坪田監督は、万が一体調がすぐれなければ正直に報告するようにと伝えています。選手にとっては夢の舞台ですから、多少無理をしてしまいそうですが、チームメイト全員の1年間の努力をすべて台無しにしてしまうリスクがあるのです。往路の早い区間の選手は、取材対応後に八王子の寮に帰って翌日はテレビで応援しています。

就寝時刻	当日						
	起床時刻	距離	移動	スタート	ゴール後	就寝時刻	
20:30	3:00	5km (3:30)	6:00	大手町	休憩、ダウンジョグ	22:30	
22:30	4:30	6km (6:00)	―		取材対応後、タクシーで駅へ	20:00	
21:00	5:00	6km (5:15)	―		着替え後、取材対応	21:00	
20:30	3:00	3km (3:15)	―		着替え後、取材対応	23:00	
21:00	4:00	15分ジョグ (4:15)	6:30		取材対応後、大手町へ移動	25:00	
21:30	5:00	5km (5：30)	―		取材対応	23:00	
21:00	4:00	15分ジョグ	―		区間賞インタビュー、複数取材対応	23:00	
22:00	5:00	4km (5:45)	9:00		ドーピング検査など		

32 復路の過ごし方

EKIDEN

選手をサポートする
付き添い係と給水係

10人のメンバーが脚光を浴びるのは、陰でサブメンバーたちが
役割を果たしてくれるからこそなのです。

			前日		
	担当	名前	起床	練習	就寝
付き添い係	1区	稲毛崇斗	5:00	早朝12km	21:00
	2区	蛭田哲平	4:45	通常練習	不明
	4区	上仮屋雄太	5:00	午前中6km	22:00
	5区	髙橋一颯	5:00	早朝と午前中10km	22:00
	6区	澤中響生	3:00	早朝30分ジョグ	21:00
	8区	清水郁杜	5:30	午前中8km	22:00
	10区	長橋悠真	5:00	早朝8km	22:00

			当日	
	担当	名前	起床時刻	仕事
給水係	2区10km地点	安澤駿空	4:30	電車と徒歩で給水地点まで移動
	5区7.1km地点	緒方春斗	5:30	交通規制を避けて2時間前に到着。
	5区15km地点	花岡慶次	5:00	バス、電車、タクシーで給水地点
	7区15km地点	富山大智	5:00	電車で最寄り駅まで行き、徒歩で
	8区15km地点	稲毛崇斗	5:00	電車で最寄り駅まで行き、徒歩で
	8区15km地点	稲毛崇斗	5:00	電車で最寄り駅まで行き、徒歩で
	9区横浜駅	蛭田哲平	不明	電車で横浜駅へ
	10区10km地点	大島史也	5:00	朝練習後、電車で給水地点へ

各自がそれぞれの役割を果たす

選手たちをサポートするメンバーは脚光を浴びることはありませんが、チームにとって欠かせない存在です。

前日から選手と行動を共にするのが付き添い係。早朝のジョグも一緒に行います。場合によっては、直前にメンバー交代で出場することもあるため、ある意味では出場する選手よりもメンタルが強くなければ務まりません。

給水係はレース中に声を掛けられる貴重な存在です。この他には、監督とともに大会運営車に乗るマネジャーもいます。

当日			
起床	練習	仕事	
3:10	5km（3:30）	中継所まで徒歩移動して待機	
3:10	25分間走（4:15）	選手の朝練のコースの下見。選手と一緒に練習	
5:00	4km（5:30）	選手とアップ。時間管理、片付け	
5:00	5km（5:30）	選手の荷物管理	
3:00	30分ジョグ（3:15）	選手の付き添い	
5:15	6km（5:30）	選手の荷物管理	
5:00	なし	選手の荷物管理、レース内容の報告、監督との連絡	

	レース後
	最寄り駅まで徒歩で戻り、帰宅
レース中は配信で応援	15km地点の宿まで徒歩移動
へ移動	5、6区の選手と同じ宿に宿泊
給水地点へ	電車で10区ゴールへ。慰労会に参加
給水地点へ	電車で大手町のゴールへ。慰労会に参加
給水地点へ	電車で大手町のゴールへ。慰労会に参加
	昼食をとり、慰労会に参加
	慰労会に参加

33

箱根・名勝負の歴史①

創設から日本大の4連覇まで

 ME MO 第1回大会は4校でスタートした箱根駅伝でしたが、第2回以降は10チーム前後が優勝を争いました。

歴代優勝校とタイム					
第1回 (1920)	東京高等師範	(15.05.16)	第11回 (1930)	早稲田大	(13.23.29)
第2回 (1921)	明治大	(14.39.01.8)	第12回 (1931)	早稲田大	(13.21.15)
第3回 (1922)	早稲田大	(14.12.21)	第13回 (1932)	慶応大	(13.17.49)
第4回 (1923)	早稲田大	(14.15.498)	第14回 (1933)	早稲田大	(12.47.53)
第5回 (1924)	明治大	(14.25.09.6)	第15回 (1934)	早稲田大	(12.58.24)
第6回 (1925)	明治大	(14.09.54.8)	第16回 (1935)	日本大	(12.52.29)
第7回 (1926)	中央大	(14.17.31.0)	第17回 (1936)	日本大	(12.54.22)
第8回 (1927)	早稲田大	(14.25.37.4)	第18回 (1937)	日本大	(12.33.24)
第9回 (1928)	明治大	(13.54.56)	第19回 (1938)	日本大 (4連覇)	(12.40.13)
第10回 (1929)	明治大	(13.32.50)	第20回 (1939)	専修大	(13.01.00)

早稲田と明治がしのぎを削る

第1回大会は東京高等師範が優勝しましたが、第2回以降は早稲田大と明治大の2強時代が続きました。

この間の優勝回数は、早稲田大7、明治大5。その間を中央大と慶応大が1度ずつ割って入りましたが、両校の強さが際立っていました。

その殻を破ったのが日本大でした。第16回大会から4連覇を果たしたのです。続く第20回は専修大に譲りましたが、21回から再び連覇という一時代を築きました。

34

箱根・名勝負の歴史②

中央大が圧巻の6連覇を達成

ME MO 戦中の中断を乗り越えて再開。この時期に早稲田大、明治大の2強に割って入ったのは、日本大と中央大でした。

歴代優勝校とタイム					
第21回 (1940)	日本大	(13.12.27)	第30回 (1954)	早稲田大	(12.21.10)
※1941～1942年中断			第31回 (1955)	中央大	(12.08.40)
第22回 (1943)	日本大	(13.45.05)	第32回 (1956)	中央大	(12.04.49)
※1944～1946年中断			第33回 (1957)	日本大	(12.14.04)
第23回 (1947)	明治大	(14.42.48)	第34回 (1958)	日本大	(12.02.17)
第24回 (1948)	中央大	(13.21.10)	第35回 (1959)	中央大	(12.01.23)
第25回 (1949)	明治大	(13.36.11)	第36回 (1960)	中央大	(11.59.33)
第26回 (1950)	中央大	(12.35.26)	第37回 (1961)	中央大	(11.55.40)
第27回 (1951)	中央大	(12.20.13)	第38回 (1962)	中央大	(12.14.05)
第28回 (1952)	早稲田大	(12.35.07)	第39回 (1963)	中央大	(12.00.25)
第29回 (1953)	中央大	(12.03.41)	第40回 (1964)	中央大 (6連覇)	(11.33.34)

2度の中断を経て再開された

戦中は軍部から東海道の使用許可が得られず2度の中断を余儀なくされたといいます。戦後は再開を願う関係者が力を尽くしました。そして1947年の第23回大会から再び開催へこぎつけました。

戦前、戦中にかけて日本大が優勝回数を伸ばしましたが、戦後は中央大が黄金期を迎えます。初期メンバーである早稲田大、明治大の2強を崩す勢いを見せ始めると、1959年の第35回大会から圧巻の6連覇を達成。この連覇記録は、現在まで破られていません。

35

箱根・名勝負の歴史③

日本体育大が初優勝からの5連覇

ME MO 出場チームが15校程度で推移していたこの時期、順天堂大が初優勝。
そして日本大育大は5連覇を果たしました。

歴代優勝校とタイム					
第41回 (1965)	日本大	(11.30.41)	第51回 (1975)	大東文化大	(11.26.10)
第42回 (1966)	順天堂大	(11.20.01)	第52回 (1976)	大東文化大	(11.35.56)
第43回 (1967)	日本大	(11.24.32)	第53回 (1977)	日本体育大	(11.31.11)
第44回 (1968)	日本大	(11.26.06)	第54回 (1978)	日本体育大	(11.24.32)
第45回 (1969)	日本体育大	(11.30.58)	第55回 (1979)	順天堂大	(11.30.38)
第46回 (1970)	日本体育大	(11.31.21)	第56回 (1980)	日本体育大	(11.23.51)
第47回 (1971)	日本体育大	(11.32.10)	第57回 (1981)	順天堂大	(11.24.46)
第48回 (1972)	日本体育大	(11.31.03)	第58回 (1982)	順天堂大	(11.30.00)
第49回 (1973)	日本体育大 (5連覇)	(11.47.32)	第59回 (1983)	日本体育大	(11.06.25)
第50回 (1974)	日本大	(11.46.02)	第60回 (1984)	早稲田大	(11.07.37)

順天堂大の日本体育大のライバル関係

順天堂大は1966年の第42回大会で初優勝を果たしました。昭和後期から平成に掛けて一時代を築いた同校にとって記念すべき年になりました。

日本体育大は1950年の第26回大会に初出場。そこから毎年力をつけていき、少しずつ順位を上げます。そして第45回大会。悲願の初優勝を果たします。するとこれを足掛かりに5連覇まで伸ばしました。順天堂大と日本大育大が、ライバル関係の時代を迎えます。

36 箱根・名勝負の歴史④

熾烈な王者争いが展開される

ME MO 順天堂大、大東文化大、駒沢大、山梨学院大、神奈川大が熾烈な王者争いを繰り広げました。

歴代優勝校とタイム					
第61回 (1985)	早稲田大	(11.11.16)	第71回 (1995)	山梨学院大	(11.03.46)
第62回 (1986)	順天堂大	(11.19.33)	第72回 (1996)	中央大	(11.04.15)
第63回 (1987)	順天堂大	(11.16.34)	第73回 (1997)	神奈川大	(11.14.02)
第64回 (1988)	順天堂大	(11.04.11)	第74回 (1998)	神奈川大	(11.01.43)
第65回 (1989)	順天堂大 (4連覇)	(11.14.50)	第75回 (1999)	順天堂大	(11.07.47)
第66回 (1990)	大東文化大	(11.14.39)	第76回 (2000)	駒沢大	(11.03.17)
第67回 (1991)	大東文化大	(11.19.07)	第77回 (2001)	順天堂大	(11.14.05)
第68回 (1992)	山梨学院大	(11.14.07)	第78回 (2002)	駒沢大	(11.05.35)
第69回 (1993)	早稲田大	(11.03.34)	第79回 (2003)	駒沢大	(11.03.47)
第70回 (1994)	山梨学院大	(10.59.13)	第80回 (2004)	駒沢大	(11.07.51)

5校がしのぎを削る群雄割拠の時代

　この時期は勢力図が目まぐるしく塗り替えられる時代でした。まず第62回から第65回まで順天堂大が4連覇を果たします。続く第66回は大東文化大が14年振りの優勝と翌年にかけて2連覇。山梨学院大は第68回で初優勝を飾ると、第70、71回で連覇を果たします。第73、74回で連覇を果たしたのは神奈川大でした。

　締めくくりは駒沢大でした。第76回で初優勝を果たすと第78回から4連覇を達成しました。

37 箱根・名勝負の歴史⑤

東洋大が初出場から76年目の初優勝

MEMO 亜細亜大、東洋大、青山学院大は、初出場から長い時間をかけて初優勝を果たしました。

歴代優勝校とタイム					
第81回 (2005)	駒沢大 (4連覇)	(11.03.48)	第91回 (2015)	青山学院大	(10.49.27)
第82回 (2006)	亜細亜大	(11.09.26)	第92回 (2016)	青山学院大	(10.53.25)
第83回 (2007)	順天堂大	(11.05.29)	第93回 (2017)	青山学院大	(11.04.10)
第84回 (2008)	駒沢大	(11.05.00)	第94回 (2018)	青山学院大 (4連覇)	(10.57.39)
第85回 (2009)	東洋大	(11.09.14)	第95回 (2019)	東海大	(10.52.09)
第86回 (2010)	東洋大	(11.10.13)	第96回 (2020)	青山学院大	(10.45.23)
第87回 (2011)	早稲田大	(10.59.51)	第97回 (2021)	駒沢大	(10.56.04)
第88回 (2012)	東洋大	(11.51.36)	第98回 (2022)	青山学院大	(10.43.42)
第89回 (2013)	日本体育大	(11.13.26)	第99回 (2023)	駒沢大	(10.47.11)
第90回 (2014)	東洋大	(10.52.51)			

青山学院大と駒沢大が交互に頂点

　第82回は亜細亜大が初優勝。初出場から40年29回目の頂点でした。第85回の東洋大は、それをはるかに上回る76年67回目の出場にして初優勝となりました。

　東洋大は優勝回数を4回まで伸ばしています。東海大も第95回で初優勝を果たし

ました。

　91回から4連覇の青山学院大。初出場は1943年と古いのですが、その後は出場できない時期が長く続きました。それが85回から連続出場すると一気に名門校へと駆け上りました。

PART
4

箱根駅伝コースを
徹底分析

ここでは法政大・坪田監督に箱根
のコースを解説してもらいます。各
区の特徴を見ていくと、なぜそこ
でドラマが起きるのかわかってき
ます。逆転劇には、それが起きる
理由があるものなのです。

38 箱根駅伝コースマップ全容

EKIDEN

箱根駅伝、全10区
各区のポイントを紹介！

往路

1区（P86〜）

集団内の駆け引きとラストスパートに注目

2区（P90〜）

ほぼ平坦のコースの2つの坂攻略がカギ

3区（P94〜）

スタート直後のアップダウンと風

4区（P98〜）

ペースがつかみづらい難コース

5区（P102〜）

最後はメンタルがものをいうコース

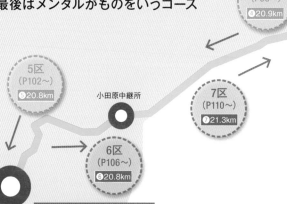

4区
（P98〜）
④20.9km
平塚中継所

5区
（P102〜）
⑤20.8km

小田原中継所

7区
（P110〜）
⑦21.3km

6区
（P106〜）
⑥20.8km

ゴール＆スタート
箱根芦ノ湖入り口駐車場前

スタート&ゴール
東京・大手町 読売新聞東京本社新社屋前

1区
(P86〜)
①21.3km

10区
(P122〜)
⑩23.0km

鶴見中継所

2区
(P90〜)
②23.1km

9区
(P118〜)
⑨23.1km

3区
(P94〜)
③21.4km

戸塚中継所

8区
(P114〜)
⑧21.4km

復路

6区（P106〜）
「下りが得意！」だけでは通用しない

7区（P110〜）
復路の流れを決める重要区間

8区（P114〜）
遊行寺から先のフラットでドラマが

9区（P118〜）
権太坂を越えてからの10㎞が勝負

10区（P122〜）
ラスト3kmで思わぬドラマも多い

箱根駅伝コースマップ・1区間

集団内の駆け引きとラストスパートに注目

1区前半

ME MO 1区／大手町・読売新聞社前～鶴見中継所
全長21.3km

勝負はスタート前から始まっている

最終エントリーはレース当日の6時50分です。チームによっては、ここで選手をガラリと入れ替えることがあります。だれをどこに入れ替えてくるか、といった監督同士の読み合い、探り合いがあります。監督と選手は、最終エントリーを確認して「○区はハイペースになりそう」とか「前半は我慢して後半勝負」というようにレース展開をイメージし、選手と打ち合わせをします。勝負はスタート前からは始まっているのです。

鶴見中継所（23.1km）

明田へ走る

六郷橋（約18.0km）

川崎区役所（19.1km）

京急蒲田駅（約15.0km）

前半はハイペースの傾向

優勝を狙うチームは、1区からプライドをかけてしのぎを削ります。それ以外のチームも1区から置いていかれるわけにいかないと粘ります。特に大手町のスタートからしばらくは平坦で走りやすいため、ハイペースになる傾向があります。でも、ここで足を使ってしまうと、東京から神奈川に入るあたりのアップダウンで苦しくなってしまいます。どこで仕掛けるか、どこまでトップ集団で粘るか、集団内では、常に見えない駆け引きが行われています。

CHECK

よその動きに
惑わされずに
自分の走りを目指す

坪田監督はあまり最終エントリーで選手を入れ替えることはありません。代えるのはコンディション不良やアクシデントがあったときくらい。それは、よそがどうとか、相性がどうとかよりも、自分たちの設定タイムを大切にしているから。設定より高速になりそうなら、自分のペースを守るように念入りに伝えたり、後ろから追われる立場になりそうな選手には、追いつかれても動揺しないように伝えたりすることに重点を置いています。

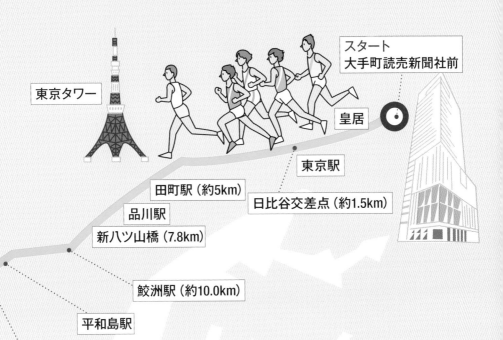

スタート
大手町読売新聞社前

東京タワー

皇居

東京駅

日比谷交差点（約1.5km）

田町駅（約5km）

品川駅
新八ツ山橋（7.8km）

鮫洲駅（約10.0km）

平和島駅

大森警察署前交差点（13.6km）

1区　高低図

100m

六郷橋（約18.0km）

新八ツ山橋（7.8km）

50m

0m

鶴見中継所　←　---------------------------------　大手町

箱根駅伝コースマップ・1区間

1区後半

CHECK

**しばらくは
声掛けができない**

スタートからしばらくは選手が団子状態のため、監督からの指示は出せません。それだけに事前の打ち合わせが大切になります。そして終盤18km過ぎ、六郷坂のアップダウンを使って仕掛ける選手が出てきます。声掛けはこの辺りからできるようになります。逆にいうと、監督の描いていた展開と違ったときに、それまでは選手が自分で判断するしかありません。六郷坂でドラマが生まれる背景には、そんな理由もあるのです。

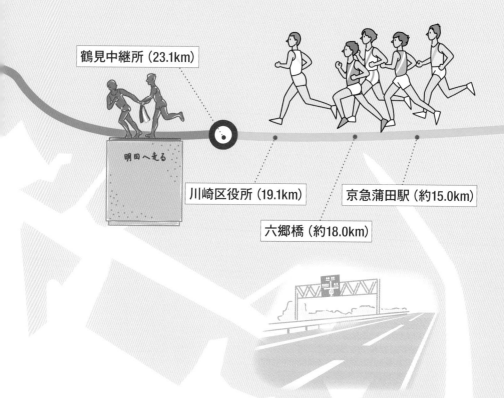

鶴見中継所 (23.1km)

明日へ送る

川崎区役所 (19.1km)

六郷橋 (約18.0km)

京急蒲田駅 (約15.0km)

最終エントリーの駆け引きの結果、各チームの準エースクラスがずらりと揃うことがあります。そうなると、ハイペースに一層拍車がかかるかと思うとそうでもないことも。互いにけん制し合って、誰も出ない、どこも落ちない。中盤から終盤にかけてじわじわとペースが上がっていくようなこともあって、そんなときは最終盤で一気に仕掛けることになります。

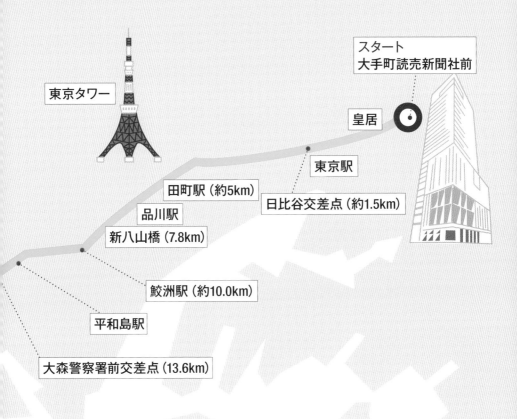

東京タワー

スタート
大手町読売新聞社前

皇居

東京駅

田町駅（約5km）

日比谷交差点（約1.5km）

品川駅

新八山橋（7.8km）

鮫洲駅（約10.0km）

平和島駅

大森警察署前交差点（13.6km）

CHECK

順位よりも
トップとのタイム差

一斉スタートの1区は、他とは段違いのプレッシャーとの戦いでもあります。このため坪田監督が重視するのは「安定感」。どんなときでも計算できる選手でなければ務まらないのです。そして気になるのは順位よりもトップとのタイム差。たとえ15位でも差がほとんどなければまったく問題ありません。ところがいきなり1分30秒以上離されてしまっては、2区以降の戦略を白紙から練り直さなければなりません。

40 箱根駅伝コースマップ・2区間

EKIDEN

ほぼ平坦のコースの中の2つの坂の攻略がカギ

2区前半

MEMO 2区／鶴見中継所〜戸塚中継所
23.1km

狩場町交差点（約14.0km）

不動坂交差点（19.3km）

権太坂（15.3km）

市児童公園入口交差点（約15.0km）

戸塚駅

戸塚中継所（23.1km）

CHECK 各チームのエースが出揃う「花の2区」

「花の2区」と呼ばれるように、各チームがエースを投入してきます。だからこそ計算ミスが起きやすいという面もあります。というのは、まだ前を走る選手が見えるため、選手としては多少無理してでも追いつきたいという気持ちになります。自チームのエースとしてのプライドもあって、遅れを取り戻したくなるのです。でも前を走るのもエースです。追いつくためにムリをすることになります。前半足を使い過ぎて後半ブレーキがかかるのはそんなときです。

監督や選手の
タイム計算式

自分の力と相談しつつ、たとえば3分／kmのタイムを設定したとします。これに総距離をかければゴールタイムが設定できます。±30秒以内でゴールすれば合格といえます。このためには、最初にペースをつかむことが大切なのですが、入り方をミスする選手がいます。それはなぜでしょうか。最初の1kmが2分50秒／kmだったとします。ここから落ち着いて常に3分／kmで刻めばいいのですが、ここで「ちょっと速すぎた」と考えて、次の1kmを落とそうとすると今度は3分10秒。これが典型的な入り方のミスで、監督にとってもっとも怖い展開です。最初のバラツキは最後まで尾を引き、焦りにもつながってしまいます。

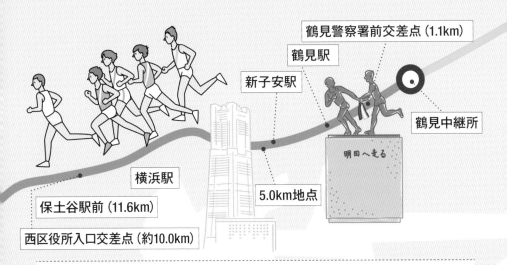

前半はほぼ平坦なコース。選手は気持ちよくスピードに乗って、ガンガン行けそうな気持になります。2区はケニアなどからの留学生がエントリーすることも多く、そのペースにもついていけそうな気になります。後半に権太坂という難所があることはわかっていても行きたくなるのです。でも往路唯一の23km超の長い区間。気持ちよく走れる前半に、後半のドラマの伏線が張られているのです。

前半は走りやすい
からこそ落とし穴も

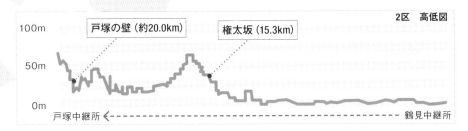

箱根駅伝コースマップ・2区間

EKIDEN

2区後半

狩場町交差点（約14.0km）

市児童公園入口交差点（約15.0km）

不動坂交差点（19.3km）

権太坂（15.3km）

戸塚駅

戸塚中継所（23.1km）

CHECK

権太坂は登りよりも
下りに注目

15km過ぎの権太坂は、2区最大の難所として有名です。でも、平坦な前半を気持ちよく自分のペースで走れた選手にとって、約3kmの坂を登り切るのは実はそれほど難しいことではありません。それよりも注目は下り。2区を任される選手は、下りは得意ではないことが多く、ここで足裏でブレーキをかけるような走りをしてしまうと、最終盤にダメージが残ってしまうことがあります。

沿道からの声援が少なくなる

2区の終盤にかけて、歩道がなくなって沿道からの声援が極端に少なくなる箇所があります。それまでは大きな声援を力に変えて走ってきた選手にとって、一番苦しい終盤で沿道からの声が小さくなると、肩透かしを食ったような気持ちになるもの。同じように走れているのに走れていない気持ちになります。小さなことですが、そんなこともラストスパートに影響することがあるのです。

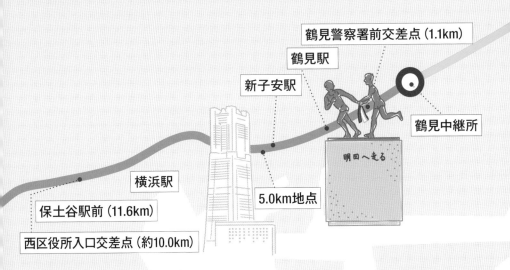

鶴見警察署前交差点（1.1km）

鶴見駅

新子安駅

鶴見中継所

明日へ走る

5.0km地点

横浜駅

保土ヶ谷駅前（11.6km）

西区役所入口交差点（約10.0km）

エースの力が試されるラスト3km

ここまで高速で走り抜けてきた選手にとって、権太坂以上に苦しいのがラスト3km。まず20kmのところに「戸塚の壁」と呼ばれる急坂があります。見上げれば頭上に中継所が見えるほどです。そこから一度下って、残り1kmがまた急勾配。最後までエースの力が試されるのが2区なのです。

41

EKIDEN

箱根駅伝コースマップ・3区間

スタート直後のアップダウンと
悩ましい海岸の風

3区前半

3区／戸塚中継所〜平塚中継所
21.4km

CHECK

リズムが
つかみづらい
スタート直後

前半はフラットという印象がありますが、細かい上りと下りが続いています。スタート直後にきっちりとタイムを刻みたいところなのですが、ペースがつかみづらく、選手を悩ませるポイントになっています。後半のはっきりしたアップダウンよりも地味ですが、ここできっちりとタイムを刻むことが求められます。

平塚中継所（24.1km）

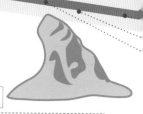

しょうなんおおはし

トラスコ湘南大橋（17.9km）

サザンビーチ交差点（約15.0km）

CHECK

ポイントでの
タイムを
目安にする

登りと下りがあると、単純に1km2分50秒で計算できません。登りが長ければ少し遅く、下りが長ければ少し早くなるものです。そこで選手は1km、3km、5kmの過去の選手の通過タイムを頭に入れています。そのポイントを±5秒くらいで刻めているかをチェックしています。

CHECK

最初の5kmを
14分前半なら
区間賞を狙える

一昔前なら前半は少しペースを落としつつ温存し、後半の茅ヶ崎の海岸線から湘南大橋に備えていました。しかし、近年はこの前半でも5kmを14分台前半に迫らないと区間上位争いはできなくなっています。逆に言えば難しい前半をうまく乗り越えれば、後半はその勢いのまま走り切れということでもあります。

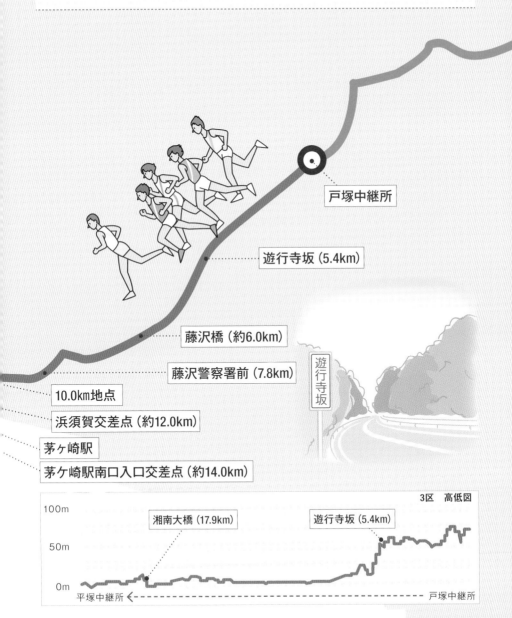

戸塚中継所

遊行寺坂（5.4km）

藤沢橋（約6.0km）

藤沢警察署前（7.8km）

10.0km地点

浜須賀交差点（約12.0km）

茅ヶ崎駅

茅ヶ崎駅南口入口交差点（約14.0km）

遊行寺坂

3区　高低図

100m

50m

0m

湘南大橋（17.9km）

遊行寺坂（5.4km）

平塚中継所 ←

戸塚中継所

95

箱根駅伝コースマップ・3区間

3区後半

**後半のフラットで
スピードに乗る**

10kmを過ぎるとほぼ平坦なコースになります。特に茅ケ崎の海岸線は、スピードに乗って気持ちよく走れます。逆に前半のアップダウンでダメージを蓄積してしまうと、ここで海風を受けて失速ということもあります。

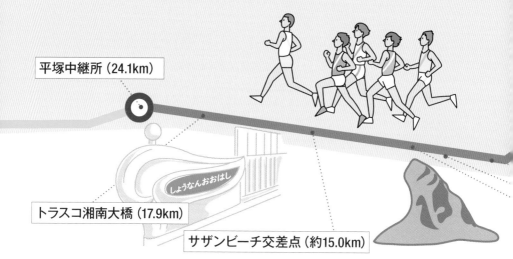

平塚中継所（24.1km）

トラスコ湘南大橋（17.9km）

サザンビーチ交差点（約15.0km）

しょうなんおおはし

まっすぐ開けていて
前が見える

後半疲労がたまってくるところで、前の選手が詰まってくると元気が出るものです。逆に離されていると感じるとモチベーションが下がることになります。前が開けていて、よく見通せる海岸線はまさにそんなポイントです。ただ、あまりに開けているため、実際の距離よりも遠く感じるほど。思ったよりも遠く感じたときに、メンタルの強さが求められるところでもあるといえます。

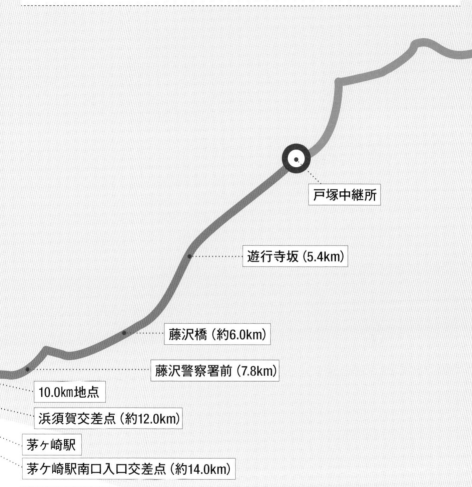

戸塚中継所

遊行寺坂 (5.4km)

藤沢橋 (約6.0km)

藤沢警察署前 (7.8km)

10.0km地点

浜須賀交差点 (約12.0km)

茅ヶ崎駅

茅ケ崎駅南口入口交差点 (約14.0km)

海岸線と
湘南大橋の風

3区はコースの難易度以上に風の影響が気になる区間です。前半で足を使い過ぎた選手は、海岸の風で体力とメンタルを削られます。そして18kmの湘南大橋の上で吹き荒れる風にとどめを刺されるということがあります。

42 箱根駅伝コースマップ・4区間

EKIDEN

ペースがつかみづらい
難コースが4区の特徴

4区前半

ME MO 4区／平塚中継所〜小田原中継所
20.9km

CHECK

前半は登りと
下りを繰り返す

中継所でバトンを受けるとすぐに緩やかな登りに入ります。ここからは短いアップダウンを繰り返します。特に一度下ってからの大磯警察直前には、やや急勾配の登りが待っています。アップダウンが多い最初の入り方が難しく、前半でペースをつかみたい選手にとって少し難しいコースといえます。

小田原中継所 (20.9km)

酒匂橋 (15.4km)

小田原城

箱根板橋駅

連歌橋交差点 (約15.0km)

CHECK

気温の変化も
選手を悩ませる

真冬とはいえ、晴れていて太陽が高くなると日差しが強くなってきます。この4区になると気温も上昇してきます。ところが一転して終盤になるとやや標高が上がり始めて、気温が下がり始めます。4区や5区の選手はアームウォーマーなどを用意しておいて、走りながら着脱をする区間でもあります。

CHECK

**前半の走りが
後半に影響を残す**

アップダウンは12kmくらいまで続きます。3区と同じように、単純に1kmのタイムではなく、1km、3kmといったポイントごとのタイムを頭に入れて、そこから土秒を考えながらペースを作っていきます。後半はフラットになるだけに、前半のアップダウンでスタミナを奪われてしまうと、後半に影響を出てくることがあります。

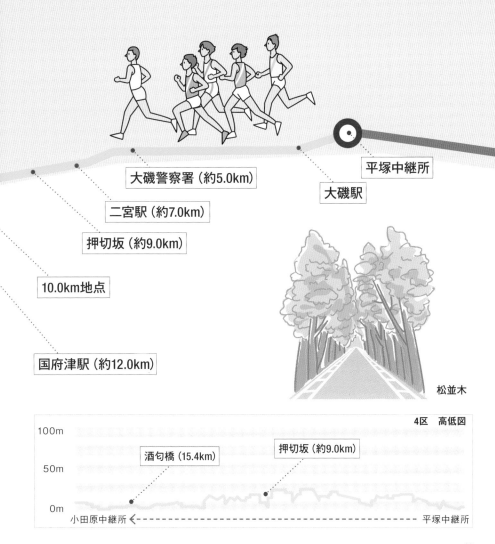

平塚中継所

大磯警察署（約5.0km）

大磯駅

二宮駅（約7.0km）

押切坂（約9.0km）

10.0km地点

国府津駅（約12.0km）

松並木

4区　高低図

100m

50m

酒匂橋（15.4km）

押切坂（約9.0km）

0m

小田原中継所 ←------------------------------→ 平塚中継所

99

箱根駅伝コースマップ・4区間

4区後半

道幅が狭くなり前が見えにくい

3区の視界が開けたところから一転して、4区の後半は道幅が狭くなってきます。前を走っている選手ではなく大会運営車を追いながら走ることになるので、すぐ前にいると思っていたチームが、車両が詰まっていただけということもあって選手を戸惑わせることもあります。現場では監督はスマホなどを駆使して、リアルタイムの速報を集めています。

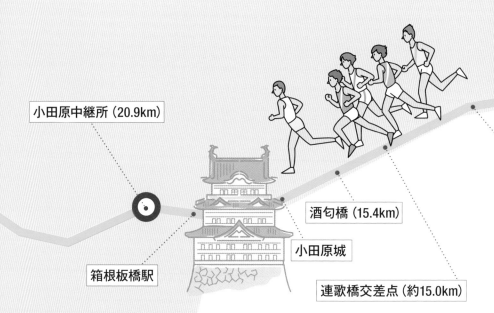

小田原中継所（20.9km）

酒匂橋（15.4km）

小田原城

箱根板橋駅

連歌橋交差点（約15.0km）

ラスト3kmは
ダラダラとした
登りが始まる

前半のアップダウンから一転して、13kmあたりからしばらくフラットになります。そして小田原駅前から残り3kmの緊迫感が高まってきます。同時にコースはダラダラとした登りに入ってきて、5区の登りの始まりを感じるのがこのあたりからです。

平塚中継所

大磯警察署（約5.0km）

大磯駅

二宮駅（約7.0km）

押切坂（約9.0km）

10.0km地点

国府津駅（約12.0km）

ラスト1kmの
急な登り

ラスト1kmは一気に勾配がきつくなり、景色も変化してきます。道幅も狭くなってきて、大会運営車の隊列入れ替えもできなくなります。選手は力を出し切って往路最後のランナーにタスキを託します。

43

EKIDEN

箱根駅伝コースマップ・5区間

最後はメンタルが
モノをいう箱根登り坂

5区前半

 5区／小田原中継所～箱根町・芦ノ湖駐車場
20.8km

国道1号最高地点
874m

大鳥居（約19.5km）

往路ゴール
芦ノ湖駐車場（20.8km）

国道1号最高地点（約16.0km）

CHECK

ほぼフラットな
最初の3km

登りの5区とはいえ、最初から最後まで登っているわけではありません。出だしの3kmはほぼフラット。直線で走りやすくまだ前が見えるため追いかけたくなるのですが、ここでじっとがまんするのがセオリーです。自分の設定したペースから速すぎず遅すぎず、すぐに始まる山登りの準備を整えていきます。

CHECK

周囲に惑わされず「修行僧」になる

ちょうど3kmの地点が箱根湯本駅。その先の函嶺洞門から本格的な山登りがスタートします。山登りは、周囲の状況にも、ライバル選手にも惑わされず、「修行僧」のように淡々と登り続けられる選手でなければ務まりません。

大平台（約7.0km）

小田原中継所

箱根湯本駅（約3.0km）

函嶺洞門（約3.7km）

宮ノ下駅（約9.0km）

小涌谷駅（約10.5km）

芦ノ湯バス停給水ポイント（15.8km）

CHECK

大平台の急勾配 急カーブで給水

約7km地点にある大平台。ここは給水所になっていて、キツイ勾配を登ってきた選手にとって、文字通りのオアシス。ところが直後のヘアピンカーブと急坂で給水どころではないというのが選手の本音。登っていくスピードは緩めず、一瞬だけ呼吸を止めて水を飲む、という芸当をやっているのです。

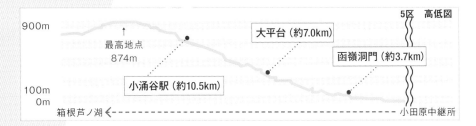

5区　高低図

900m

最高地点
874m

大平台（約7.0km）

函嶺洞門（約3.7km）

小涌谷駅（約10.5km）

100m
0m

箱根芦ノ湖　小田原中継所

箱根駅伝コースマップ・5区間

5区後半

CHECK

**宮ノ下手前の
フラットで「休憩」**

3連続するカーブと延々と続く急坂。それが一瞬途緩むのが宮ノ平の手前。8〜9kmの間の数分間です。軽く登ってはいますが、それまで急勾配を登ってきた選手にとってはフラットに感じるのです。うまい選手は、ここでスピードを緩めずに足を休ませます。そしてまだ7km超残っている登りのために、宮ノ下で再びギアを入れるのです。

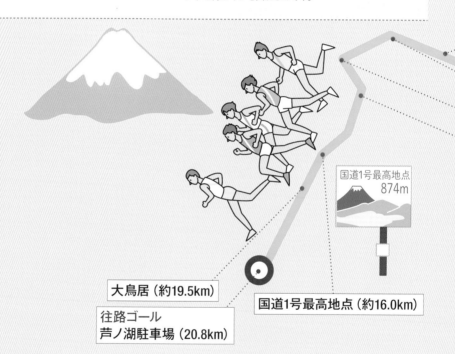

国道1号最高地点
874m

大鳥居（約19.5km）

**往路ゴール
芦ノ湖駐車場（20.8km）**

国道1号最高地点（約16.0km）

CHECK

**芦ノ湖から
吹きつける寒風**

坂を上り切ったところで選手を待っているのが芦ノ湖から吹き付ける冷たい風。暖まった選手の身体を一気に冷やして筋肉は凍えるように感じます。坪田監督は1区のスタート前から5区の給水担当者と連絡を取り合って、山頂の気象状況を把握。5区の選手にはアームウォーマーや保温のためのワセリンの塗り方について細かく打ち合わせをしています。

大平台（約7.0km）

 小田原中継所

箱根湯本駅（約3.0km）

函嶺洞門（約3.7km）

宮ノ下駅（約9.0km）

小涌谷駅（約10.5km）

芦ノ湯バス停給水ポイント（15.8km）

CHECK

軽い下りも
選手の足は限界

登りの5区も最後はゴールへ向かって緩やかな下りが続きます。山を登り切った選手の足は限界に近いのですが、最後の力を振り絞ってスピードを上げなければなりません。箱根神社の大鳥居あたりから沿道はお祭りムードに包まれていて、歓声の中をゴールします。

44 箱根駅伝コースマップ・6区間

「下りが得意!」だけでは通用しない

6区前半

 6区／箱根・芦ノ湖駐車場～小田原中継所
20.8km

国道1号最高地点
874m

大鳥居（約1.5km）

復路スタート
芦ノ湖駐車場

国道1号最高地点（約4.5km）

 CHECK

登りでスピードを
出せるかがカギ

6区は最初の5kmがポイントになります。というのは、ほとんどが下りのコースの中で、ここだけフラットかわずかに登っているため。下りには万全の対策をしてきているだけに、いきなり登りというのがコースを難しくしているのです。下りのタイムではほとんど差は出ないだけに、ここで突っ込んで勝負しなければ区間争いはできません。前にターゲットがいれば、多少無理をしてでも追う、というくらいの覚悟が求められるところです。

登りから下りへの切り替え

4.5kmで最高地点に到達。いよいよ下りが始まるのですが、ここで登りのフォームから下りのフォームに切り替えなければなりません。6区の難しさは、この切り替えにあるといえます。6区はトラックのタイムは参考にしかならないのです。

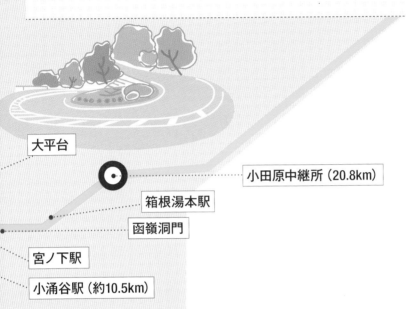

大平台

小田原中継所 (20.8km)

箱根湯本駅

函嶺洞門

宮ノ下駅

小涌谷駅 (約10.5km)

箱根を下るには特殊な技術が必要

下りには特殊な技術が必要になります。フラットを走るよりも接地時間は短く、足の回転は速くします。この足さばきをしながら、さらに上体は前傾ぎみにします。想像するだけで足の回転がついていかずに前につんのめりそうになりますが、このフォームができていないと股関節、ヒザ、かかとにダメージが蓄積。20kmを走り切ることはできません。

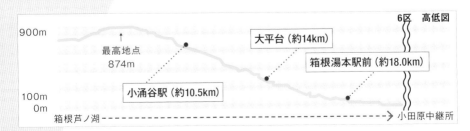

6区　高低図

900m

最高地点
874m

大平台 (約14km)

箱根湯本駅前 (約18.0km)

小涌谷駅 (約10.5km)

100m
0m

箱根芦ノ湖

小田原中継所

箱根駅伝コースマップ・6区間

6区後半

国道1号最高地点
874m

大鳥居（約1.5km）

復路スタート
芦ノ湖駐車場

国道1号最高地点（約4.5km）

CHECK

スタート前の
打ち合わせが重要

5区もそうだったように、山道は大会運営車からの指示はほぼ出せません。最初の5kmの入り方、前が見えたときにどうするか、後ろが詰まったときにどうするか、といった想定を立てておいて、レース前に監督から選手に伝えておかなければならないのです。

大平台

小田原中継所 (20.8km)

箱根湯本駅

函嶺洞門

宮ノ下駅

小涌谷駅 (約10.5km)

箱根湯本からは登りに感じる

下り勾配が緩やかになるのが箱根湯本駅を過ぎたあたり。ここからもフラットではなく、最後まで緩やかに下っているのですが、ここまで急激な坂道を駆け下りてきた選手たちには、登りに感じるといいます。残り3kmくらいからは直線に入り前が見えることもあります。大会運営車からの指示が出せるようになるのもこのあたりからです。

下りは身体にはダメージが残る

いくら下りが得意な選手がエントリーしているといっても、やはり身体にはダメージがあります。下りは故障のリスクがあったり、疲労が溜まったりするため、普段もほとんど練習はできません。下りの練習をすると数日はまともな練習ができなくってしまうのです。下りのフォームは、習得するというよりも天性のセンスともいえます。

45

箱根駅伝コースマップ・7区間

7区は復路の流れを
決める重要区間

7区前半

 MEMO 小田原中継所〜平塚中継所
21.3km

小田原中継所

酒匂橋 (約5.5km)

小田原駅

箱根板橋駅 (約1.5km)

CHECK

大会成績を占う
大事な区間

コースの難しさとは違った意味で、大会総合成績を占う重要
区間と位置付けられています。というのは、エントリーすると
き2区、9区といった最重要区間や、5区、6区のように特殊な
区間から選手を決めていくものですが、最後に埋まるのが7
区であることが多いのです。つまり7区に安定して走れる選手
をエントリーできれば、その年は強く、総合成績が上がりやす
いという傾向が生まれるのです。

最初の5kmを突っ込んで勢いをつける

スタートしてすぐにやや勾配のある下りがあります。ここでスピードに乗って、5kmまで緩やかに続く下りを駆け下ります。ここで少し突っ込み気味で入るのがセオリーです。この下りは気持ちよく走れるので、飛ばし過ぎで入る選手がいて、そういう選手は後半のテクニカルな変化でブレーキがかかることが多くなります。

下りの流れを逃さずに対応する

往路の5区、復路の6区はほとんど声掛けができませんでしたが、この7区はようやくポイントごとにしっかりと声掛けができるようになります。力のある選手に追いつかれたときにどうするか。前の選手は追うのか追わないのか。監督は選手に現状を正確に伝えて、選手はそれに対応するための準備をしていきます。

平塚中継所 (21.3km)

大磯警察署 (約16.0km)

大磯駅

二宮駅 (約13.5km)

押切坂 (約11.5km)

10.0km地点

国府津駅

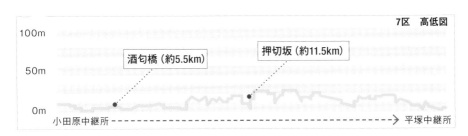

7区　高低図

酒匂橋 (約5.5km)

押切坂 (約11.5km)

100m

50m

0m

小田原中継所 — — — — — — — — — — — — — — — — — — → 平塚中継所

箱根駅伝コースマップ・7区間

7区後半

**ポイントには
なりにくい坂が多い**

8kmを過ぎると小さなアップダウンがいくつも続きます。それぞれがポイントとはいえないくらいのものなので、選手は個別にうまく対応しながら走ることになります。前半で飛ばし過ぎるとここで息切れすることがあります。このアップダウンを想定しつつ前半のペースを作っている選手が好タイムを出せる傾向があります。

小田原中継所

酒匂橋（約5.5km）

小田原駅

箱根板橋駅（約1.5km）

流れを切らないために安定感を重視

特殊な6区を走り切って、いよいよ本格的に後半戦突入という雰囲気になってきます。6区まで想定通りかそれ以上ならその流れを切らないように。やや苦しい展開なら後半もう一度チャンスをうかがうためにがまんする。どちらにしても安定感を求められる区間になります。

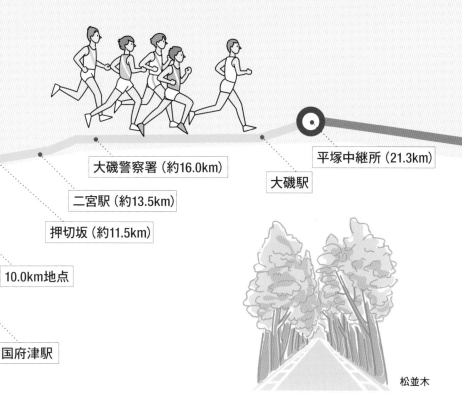

平塚中継所（21.3km）

大磯駅

大磯警察署（約16.0km）

二宮駅（約13.5km）

押切坂（約11.5km）

10.0km地点

国府津駅

松並木

前とのタイム差よりも後ろが気になり始める

監督も選手もひとつでも順位を上げたいとか、区間賞を取りたいと思って走っているのは確かです。しかしシード権獲得を最重要目標に掲げるチームにとっては、7区の終盤になると、11位、12位と自分たちとの「距離」が気になり始めます。たとえ8位を走っていても、9〜12位が団子状態なら、ちょっとしたアクシデントで一気に13位まで転落してしまうこともあるのです。

113

46 箱根駅伝コースマップ・8区間

遊行寺から先の フラットでドラマが……

8区前半

> **MEMO** 8区／平塚中継所～戸塚中継所
> 21.4km

CHECK 基本は 「10kmまでは抑えて」

後半に遊行寺の坂が控えていて、そこまではできるだけ足を温存しておきたいというのがセオリーです。そこで坪田監督が事前に伝えるのは「10kmまでは抑えていこう」。たとえ前が見えるくらいの距離でもギャンブルはしないで、とにかく10km過ぎからの勝負にかけるのです。

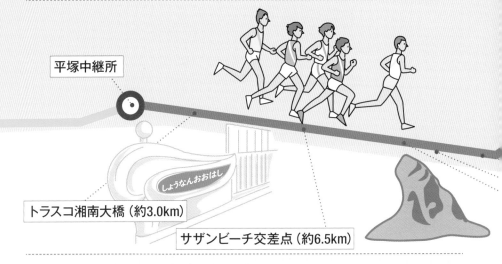

平塚中継所

トラスコ湘南大橋（約3.0km）

しょうなんおおはし

サザンビーチ交差点（約6.5km）

CHECK 5kmからの 海岸線でも 走りたい気持ちを 抑える

5kmからは海岸線に入り、しばらくフラットなままなので気持ちよく走れます。でもここも後半に備えてがまんです。設定タイム通りに刻むことだけを考えて走ります。

往路もそうでしたが、この時間から太陽が高くなり、真冬とはいえ徐々に気温が上がってきます。この8区は9km過ぎまでは海風を受けますが、そこを過ぎると市街地に入ってきて、さらに体感温度も上がってきます。

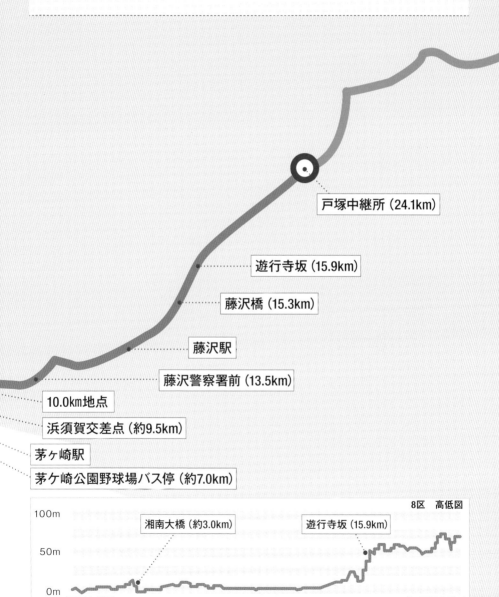

戸塚中継所 (24.1km)

遊行寺坂 (15.9km)

藤沢橋 (15.3km)

藤沢駅

藤沢警察署前 (13.5km)

10.0km地点

浜須賀交差点 (約9.5km)

茅ヶ崎駅

茅ケ崎公園野球場バス停 (約7.0km)

8区　高低図

100m

湘南大橋 (約3.0km)

遊行寺坂 (15.9km)

50m

0m

平塚中継所 — → 戸塚中継所

箱根駅伝コースマップ・8区間

8区後半

CHECK

「つなぎの区間」と
言われたのは
過去の話

かつては3区と8区は「つなぎの区間」と呼ばれていたことがあります。しかしそれもすっかり過去の話。各チームの通過タイムなどから、シード権を獲るための最低ラインがはっきりと見えています。それと比較して、チームはいまどこの位置にいるのかを判断。選手はそれを踏まえて出される監督からの指示に対応しなければ務まりません。

平塚中継所

しょうなんおおはし

トラスコ湘南大橋（約3.0km）

サザンビーチ交差点（約6.5km）

最大のポイント 遊行寺の坂

8区最大の難所が遊行寺の坂です。およそ15～16kmの間にある急勾配で、前半にハイペースだった選手はここでいきなりペースダウンすることがあります。しかも、ここを登り切ってもまだ4kmほど残っていて、足を使い切るわけにいきません。

戸塚中継所 (24.1km)

遊行寺坂 (15.9km)

藤沢橋 (15.3km)

藤沢駅

藤沢警察署前 (13.5km)

10.0km地点

浜須賀交差点 (約9.5km)

茅ヶ崎駅

茅ケ崎公園野球場バス停 (約7.0km)

遊行寺坂

7区を 安定感重視なら チャレンジも

坪田監督は7区を安定感重視で選考したら、この8区はチャレンジすることもあるといいます。将来を想定して1年生を起用したりするのも7区が多いのです。ここでの経験が1年後、2年後につながっていくのです。

47

箱根駅伝コースマップ・9区間

権太坂を越えてからの10kmが勝負どころ

9区前半

ME MO　9区／戸塚中継所～鶴見中継所
23.1km

保土谷駅

不動坂交差点（約4.0km）

権太坂（約8.0km）

戸塚駅

戸塚中継所

CHECK

3kmの下りを使って
ペースをつかむ

往路2区では最後の難関として立ちはだかった壁が、この9区では出だしのペースをつかむのに利用できます。一気に下ってから軽く登って再び下り。スタート直後の元気なところなので、アップダウンもあまり気になりません。ここを走り切ったあとはフラットになってきて、すでに5km走っていることになります。

注目は
シード権争いに
移り始める

ファンとしては、10区の最後まで優勝争いがもつれるような展開を求めたくなるものですが、実際は9区に入る頃にはおおむね上位陣は固まってきます。そうなると一層熱を帯びるのがシード権争いの方。前を走る選手が見えると普段以上の力を出すことがあるのが駅伝なので、9区は一発逆転のドラマが多い区間でもあるのです。

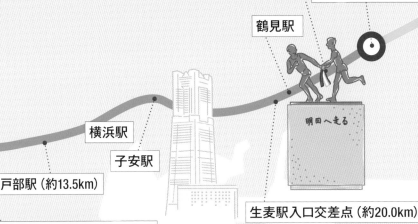

鶴見警察署前交差点（1.1km）

鶴見中継所（23.1km）

鶴見駅

横浜駅

子安駅

戸部駅（約13.5km）

保土谷駅前交差点（11.4km）

生麦駅入口交差点（約20.0km）

明日へ走る

権太坂は
登りよりも
下りに注意

5kmを過ぎると権太坂の登りにさしかかります。2区とは逆になるため、登りが緩やかで短く、下りはやや長いものの勾配は急ではありません。2区よりも落ち着いて走れるのですが、下りが苦手な選手にとっては落とし穴になることもあります。

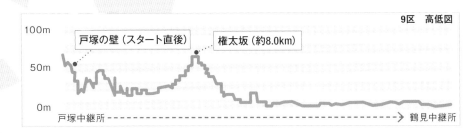

9区　高低図

100m

戸塚の壁（スタート直後）

権太坂（約8.0km）

50m

0m

戸塚中継所 - → 鶴見中継所

箱根駅伝コースマップ・9区間

9区後半

保土谷駅

不動坂交差点 (約4.0km)

権太坂 (約8.0km)

戸塚駅

戸塚中継所

コースの難易度は高くない

最初の下りでペースをつかみやすく、権太坂も難しくありません。コース自体の難易度はあまり高くありません。

鶴見警察署前交差点 (1.1km)

鶴見中継所 (23.1km)

鶴見駅

横浜駅

子安駅

戸部駅 (約13.5km)

保土谷駅前交差点 (11.4km)

明日へ走る

生麦駅入口交差点 (約20.0km)

CHECK

23kmなので
15km以降の
8kmがポイント

監督や選手が気にしているのが、23.1kmという距離。全10区間のうち3区間が23km超となっています。他よりも3kmほど長いのです。実際の距離もそうですが、15kmを過ぎてもまだ8km残っているということが、身体的、精神的にプレッシャーになることもあります。

48

箱根駅伝コースマップ・10区間

日本橋を周るラスト
3kmで思わぬドラマも

10区前半

 10区／鶴見中継所～大手町・読売新聞社前
23.0km

 実力以上に
メンタルの強さが
必要

スタートの1区とは逆にゴールの注目にさらされる10区。1区と同じように、どんなときでも平常心で走るメンタルが求められます。

鶴見中継所

六郷橋（約3.0km）

京急蒲田駅

 六郷橋以外
アクセントがない

往路ではラストスパートで注目される六郷橋も、復路では中継所から3kmにあるちょっとしたアクセント。ここから先はほとんどアップダウンもなく、新八ツ山橋まで淡々と進みます。

前後を気に
しながら走る

前を走る選手が落ちてくると順位を上げられそうに感じられます。そんなとき追っている選手が優位に立てます。ところが、それは逆に離されるのも見えるということ。そうなると前を追おうという気持ちは削られ、後ろが気になり始めます。

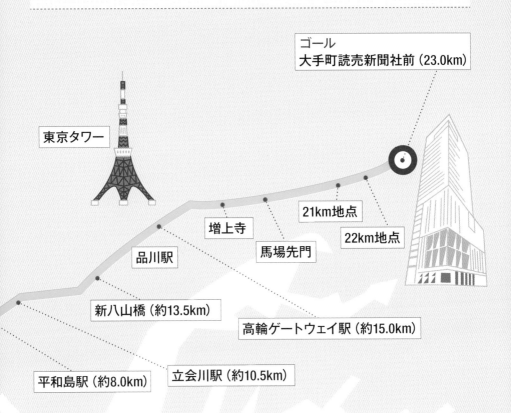

ゴール
大手町読売新聞社前 (23.0km)

東京タワー

21km地点

22km地点

増上寺

馬場先門

品川駅

新八山橋 (約13.5km)

高輪ゲートウェイ駅 (約15.0km)

平和島駅 (約8.0km)

立会川駅 (約10.5km)

10区　高低図

| 100m |
| 50m |
| 0m |

六郷橋 (約3.0km)

新八ツ山橋 (約13.5km)

鶴見中継所

大手町

箱根駅伝コースマップ・10区間

10区後半

最終順位が決まる というプレッシャー

当然のことですが、10区をゴールしたときには、最終的な順位が決まります。これも選手にとって想像以上のプレッシャーになります。10位でタスキを受ければひとつも順位を落とせないし、逆に11位ならひとつ順位をあげればならないのです。

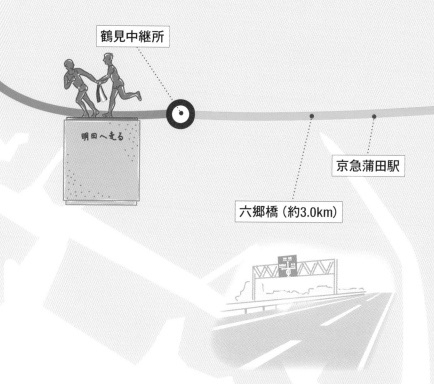

鶴見中継所

明日へ走る

京急蒲田駅

六郷橋（約3.0km）

日本橋を周る残り
3kmでドラマも

かつては直線でゴールへ向かっていたのですが、日本橋を周るコースに変更されました。これで距離が約3km伸びました。2区や9区でもそうですが、20㎞と23㎞の違いは大きく、逆転劇を生んだこともあります。

ゴール
大手町読売新聞社前（23.0km）

東京タワー

21km地点

22km地点

増上寺

馬場先門

品川駅

新八山橋（約13.5km）

高輪ゲートウェイ駅（約15.0km）

平和島駅（約8.0km）

立会川駅（約10.5km）

CHECK

広い車線に
ビル風が吹きつける

東京の街中に入ると、車線は広くなり遮るものがない分ビル風が強く吹き付けます。風の方向は一定ではなく前後左右から吹くので、選手を想像以上に苦しめています。

監修

坪田智夫（つぼた・ともお）
法政大学陸上競技部駅伝監督

1977年6月16日、兵庫県出身。
神戸甲北高校〜法政大学〜コニカミノルタ
法政大学陸上部・長距離コーチを経て、現在は法政大学
陸上競技部駅伝チーム監督。大学1年生で箱根駅伝5区
を任される。3年時には2区を3位、4年時は2区の区間賞
を獲得する。大学卒業後はコニカミノルタに進み、ニュ
ーイヤー駅伝では区間賞を5度獲得。2002年には5区の区間新記録を樹立するなど
して、6回の優勝の原動力となる。その他には2002年の全日本実業団ハーフマラソン
で優勝、日本選手権の10000mで優勝するなど華々しい成績を残す。国際大会でも、
2002年のアジア大会に出場。10000mで7位入賞。翌2003年には世界陸上10000mに
出場し18位の成績を残す。現役引退後、法政大学陸上競技部のコーチを経て、2013
年に駅伝監督に就任。2018、19年に総合6位という成績を残している。

STAFF
●編集／株式会社多聞堂
●取材・構成／大久保 亘
●写真／Getty Images・iStock
●イラスト／BIKKE
●デザイン／田中図案室

駅伝のすべて
知るほど面白い 観戦知識と競技の魅力

2023 年 11 月 30 日　　　第 1 版・第 1 刷発行

監　修　　坪田 智夫（つぼた ともお）
発行者　　株式会社メイツユニバーサルコンテンツ
　　　　　代表者　大羽 孝志
　　　　　〒 102-0093 東京都千代田区平河町一丁目 1-8
印　刷　　シナノ印刷株式会社

ご意見・ご感想はホームページから承っております。
ウェブサイト　https://www.mates-publishing.co.jp/

企画担当：堀明研斗

からだ&性の悩み

予想図

1・2

うちの子、まだ
おねしょするんです

好き嫌いが多くて小食。
給食食べられるかな

「赤ちゃんは
どこからきたの？」
ときかれてドキッ！

第二次性徴前

5・6 年生

なんでも
友達のまねをしたがる

毎日、反抗されて
ぐったり

きょうだいげんか、
どう取り持てばいい？

「思春期」に突入 →

5・6
年生

寝起きが悪く、
いつも朝バタバタです

エッチな動画を
見てしまった！

初経、精通について
どう伝える？

第二次性徴期 →

こころの悩み

1・2年生

予想図

けんかっ早く、
かんしゃく持ち。
どうやったら落ち着く？

人見知りで
友達ができるか心配……

引っ込み思案。
授業中、ちゃんと
手を挙げられるかな

「小1プロブレム」にぶつかる

背が低いうちの子、
ずっとこのままなのかな

太ってる・やせてるは
どこからが赤信号？

お風呂はいつまで
いっしょに入っていいの？

3・4 年生

子どもがいじめられた！

子どもが友達を
いじめてしまった……

学校に行きたがらない

「ギャングエイジ」でもまれる ➡